中华传统都市文化丛书

总主编　杨晓霭

U0589335

交通变迁与城市发展

交　通

韩　括　著

兰州大学出版社
LANZHOU UNIVERSITY PRESS

图书在版编目（CIP）数据

交通变迁与城市发展：交通 / 韩括著. -- 兰州：
兰州大学出版社，2015.5（2019.9重印）
（中华传统都市文化丛书 / 杨晓霭主编）
ISBN 978-7-311-04746-7

Ⅰ．①交… Ⅱ．①韩… Ⅲ．①交通运输史－中国
Ⅳ．①F512.9

中国版本图书馆CIP数据核字(2015)第106406号

策划编辑　梁建萍
责任编辑　梁建萍
封面设计　郇　海

书　　名　交通变迁与城市发展：交通
作　　者　韩　括　著
出版发行　兰州大学出版社　（地址:兰州市天水南路222号　730000）
电　　话　0931-8912613(总编办公室)　0931-8617156(营销中心)
　　　　　0931-8914298(读者服务部)
网　　址　http://press.lzu.edu.cn
电子信箱　press@lzu.edu.cn
印　　刷　三河市金元印装有限公司
开　　本　710 mm×1020 mm　1/16
印　　张　12
字　　数　200千
版　　次　2015年7月第1版
印　　次　2019年9月第3次印刷
书　　号　ISBN 978-7-311-04746-7
定　　价　29.00元

（图书若有破损、缺页、掉页可随时与本社联系）

总 序
——都市文化的魅力

杨晓霭

关于城市、都市的定义，人们从政治、经济、军事、社会、地理、历史等不同角度所做的解释已有三十多种。从城市社会学的历史视角考察，城市与都市在概念上的区别就是，都市是人类城市历史发展的高级空间形态。在世界城市化发展进程已有两百多年历史的今天，建设国际化大都市俨然成为人们最为甜美的梦。这正是本丛书命名为"都市文化"的初衷。

什么是都市文化，专家们各执己见。问问日复一日生活在都市中的人们，恐怕谁也很难说得清楚。但是人们用了一个非常形象的比喻来形容，说现代都市就像一口"煮开了的大锅"——沸腾？炽烈？流光溢彩？光怪陆离？恐惧？向往？好奇？神秘？也许有永远说不明白的滋味，有永远难以描摹的情境！无论怎样，只要看到"城市""都市"这样的字眼，从农耕文明中生长、成长起来的人们，一定会有诸多的感叹、赞许。这种感叹、赞许，渗透在人类的血脉中，流淌于民族历史的长河里。

一、远古的歌唱

关于"都""城""市"，翻开词典，看到的解释，与人们想象的一样异彩纷呈。摘抄几条，以资参考。都[dū]：(1)古称建有宗庙的城邑。之所以把建有宗庙的城邑称为"都"，是因为它地位的尊贵。(2)国都，京都。(3)大城市，著名城市。城[chéng]：(1)都邑四周的墙垣。一般分两重，里面的叫城，外面的叫郭。城字单用时，多包含城与郭。城、郭对举时只指城。(2)城池，城市。(3)犹"国"。古代王朝领地、诸侯封地、卿大夫采邑，都以有城垣的都邑为中心，皆可称城。(4)唐要塞设守之处。(5)筑城。(6)守卫城池。市[shì]：(1)临时或定期集中一地进行的贸易活动。(2)指城市中划定的贸易之所或商业区。(3)泛指城中店铺较多的街道或临街的地方。(4)集镇，城镇。(5)现代行政区划单位。(6)泛指城市。(7)比喻人或物类会聚而成的场面。(8)指聚集。(9)做买卖，贸易。(10)引申指为某种目的而进行交易。(11)购买。(12)卖，卖出。把"都""城""市"三个字的意义结合起来，归纳一下，便会看到中心内容在"尊贵""显要""贸易""喧闹"，由这些特点所构成的城市文化、都市文化，与乡、野、村、鄙，形成鲜明对照。而且对都、城、市之向往，源远流长，浸润人心。在中国最早的诗歌总集《诗经》中，我们就聆听到了这样的歌唱：

文王有声，遹骏有声。遹求厥宁，遹观厥成。文王烝哉！

文王受命，有此武功。既伐于崇，作邑于丰。文王烝哉！

筑城伊淢，作丰伊匹。匪棘其欲，遹追来孝。王后烝哉！

王公伊濯，维丰之垣。四方攸同，王后维翰。王后烝哉！

丰水东注，维禹之绩。四方攸同，皇王维辟。皇王烝哉！

镐京辟雍，自西自东，自南自北，无思不服。皇王烝哉！

考卜维王，宅是镐京。维龟正之，武王成之。武王烝哉！

丰水有芑，武王岂不仕？诒厥孙谋，以燕翼子。武王烝哉！

这首诗中，文王指周王朝的奠基者姬昌。崇为古国名，是商的盟国，在今陕西省西安市沣水西。丰为地名，在今陕西省西安市沣水以西。伊，意为修筑。淢通"洫"，指护城河。匹，高亨《诗经今注》中说："匹，疑作儿，形近而误。儿是貌的古字。貌借为庙。"辟指天子，君主。镐京为西周国都，故址在今陕西省西安市西南沣水东岸。周武王既灭商，自酆徙都于此，谓之宗周，又称西都。芑通"杞"，指杞柳，是一种落叶乔木，枝条细长柔韧，可编织箱筐等器物，也称红皮柳。翼子的意思是，翼助子孙。全诗的大意是：

文王有声望，美名永传扬。他为天下求安宁，他让国家安泰盛昌。文王真是我们的好君王！

文王遵照上天指令，讨伐四方建立武功。举兵攻克崇国，建立都城丰邑。文王真是我们的好君王！

筑起高高的城墙，挖出深深的城池，丰邑都城里宗庙高耸巍巍望。不改祖宗好传统，追效祖先树榜样。文王真是我们的好君王！

各地公爵四处侯王，犹如丰邑的垣墙。四面八方来归附，辅佐君王成大业。文王真是我们的好君王！

丰水向东浩浩荡荡，治水大禹是榜样。四面八方来归附，武王君主承先王。武王真是我们的好君王！

镐京里建成辟雍，礼乐推行，教化宣德。从西方向东方，从南面往北面,没有人不服从我周邦。武王真是我们的好君王!

占卜测问求吉祥,定都镐京好地方。依靠神龟正方位,武王筑城堪颂扬。武王真是我们的好君王!

丰水边上杞柳成行,武王难道不问不察?心怀仁义留谋略,安助子孙享慈爱。武王真是我们的好君王!

研究《诗经》的专家一致认为,这首《文王有声》歌颂的是西周的创业主文王和建立者武王,清人方玉润肯定地说:"此诗专以迁都定鼎为言。"(《诗经原始》)文、武二王完成统一大业的丰功伟绩,在周人看来,最值得颂扬的圣明之处就是"作邑于丰"和"宅是镐京"。远在三千多年前的上古,先民们尚处于半游牧、半农耕的生活时期,居无定所,他们总是在耗尽了当地的资源之后,再迁移到其他地方。比如夏部族不断迁徙,被称作"大邑"的地方换了十七处;继夏而起的商,五次迁"都",频遭乱离征伐之苦。因此,能否建"都"定"都",享受稳定安逸的生活,成了人民的殷切期望。商朝时"盘庚迁殷","百姓由宁","诸侯来朝",传位八代十二王,历时 273 年,成为历史佳话。正是在长期定居的条件下,兼具象形、会意、形声造字特点的甲骨文出现。文字的发明和使用,使"迁殷"的商代生民率先"有典有册",引领"中国"跨入文明社会的门槛。而西周首都镐京的确立,被看成是中国远古王朝进入鼎盛时期的标志。"维新"的周人,在因袭殷商文化的同时,力求创新,"制礼作乐",奠定了中华文化的基础。周平王的迁都洛邑,更是揭开了春秋战国的帷幕,气象恢宏的"百家争鸣",孔子、老子、庄子等诸子学说的创立,使华夏文化快速跃进以至成熟质变,迈步走向人类文明的"轴心时代"。

一个都城的建设,凝聚着智慧,充满着憧憬。《周礼·冬官·考工记》曰:"匠人建国,水地以悬,置槷以悬,眂以景。为规识日出之景与日入之景,昼参诸日中之景,夜考之极星,以正朝夕。匠人营国,方九里,旁三门,国中九经、九纬,经涂九轨。左祖右社,面朝后市,市朝一夫。"(《周礼注疏》,十三经注疏本,中华书局,1986 年影印本,第 927 页)意思是说,匠人建造都城,用立柱悬水法测量地平,用悬绳的方法设置垂直的木柱,用来观察日影,辨别方向。以所树木柱为圆心画圆,记下日出时木柱在圆上的投影与日落时木柱在圆上的投影,这样来确定东西方向。白天参考正中午的日影,夜里参考北极星,以确定正南北和正东西的方向。匠人营建都城,九里见方,都城的四边每边三门。都城中有九条南北大道、九条东西大道,每条大道可容九辆车并行。王宫门外左边是宗庙,右边是社稷坛;帝王正殿的前面是接见官吏、发号施令的地方——朝廷,后面是集合众人的市朝。每"市"和每"朝"各有百步见方。如此周密的都城体系建构,不能不令人心生敬仰。考古学家指出:"三代虽都在立国前后屡次迁都,其最早的都城却一直保持着祭仪上的崇高地位。如果把那最早的都城比喻作恒星太阳,则后来迁徙往来的都城便好像是行星或卫星那样围绕着恒星运行。再换个说法,三代各代都有一个永恒不变的'圣都',也各有若干迁徙行走的'俗都'。'圣都'是先朝宗庙的永恒基地,而'俗都'虽也是举行日常祭仪所在,却主要是王的政治、经济、军事的领导中心。"(张光直:《考古学专题六讲》,文物出版社,1986年版,第110页)由三代都城精心构设的"规范""规格",不难想象上古时代人们对"城"的重视,以及对其赋予的精神寄托和文化意蕴。"西周、春秋时代,天子的王畿和诸侯的封国,都实行'国''野'对立的乡遂制度。'乡'是指国都及近郊地区的居民组织,或称为'郊'。'遂'是指'乡'以外农业地区的居民组织,或称为'鄙'或'野'。居住于乡的居民叫'国人',具有自由民性质,有参与政治、教育和选拔的权利,有服兵役和劳役的责任。当时军队编制是和'乡'的居民编制相结合的。居于'遂'的居民叫'庶人'或'野人',就是井田上服役的农业生产者。"(杨宽:《中国古代都城制度史研究》,上海人民出版社,2003年版,第40页)国畿高贵,遂野鄙陋,划然分明。也许就是从人们精心构设"都""城"的时候开始,"城"与"乡"便有了巨大的差异,"城里人"和"乡里人"就注定要有不同的命运。于是,缩小城乡差别,成为中国人永久的梦想。

二、理想的挥洒

对都市的向往,挥动生花妙笔而纵情赞美的,莫过于汉、晋的辞赋家。翻开文学发展史,《论都赋》《西都赋》《东都赋》《西京赋》《东京赋》《南都赋》《蜀都赋》《吴都赋》《魏都赋》……一篇篇铺张扬厉的都城大赋,震撼人心,炫人耳目。总会让人情不自禁地要披卷沉思,生发疑问:这些远在两千年前的文人骚客,为什么要如此呕心沥血?其实答案很简单,人们太喜欢都市了。

"都"居"天下之中",这是就国都、都城而言。即使不是国都之"都城""都市",又何尝不在人们的理想之"中"。都城的繁华、富庶、豪奢、享乐,哪一样不动人心魄、摄人心魂?而要寄予这份"享受",又怎能绕得开城市?请看班固《西都赋》的描摹:

> 建金城而万雉,呀周池而成渊。披三条之广路,立十二之通门。内则街衢洞达,闾阎且千,九市开场,货别隧分。入不得顾,车不得旋,阗城溢郭,旁流百廛。红尘四合,烟云相连。于是既庶且富,娱乐无疆。都人士女,殊异乎五方。游士拟于公侯,列肆侈于姬姜。

意思是说,"皇汉"经营的西都长安,城墙坚固得如铜铁所铸,高大得达到了万雉。绕城一周的护城河,挖成了万丈深渊。开辟的大道,从三面城门延伸出来,东西三条,南北三条,宽阔畅达。建立的十二门,与十二地支相应,展现出昼夜十二时的畅通无阻。城内大街小巷,四通八达,住户人家几乎近千。大道两旁,"九市"连环,商店林立,铺面开放。各种各样的货物,分门别类,排列在由通道隔开的各种销售场所。购物的人潮涌动,进到市场,行走其间,人人难以回头观看,车辆更是不能回转。长长的人流,填塞城内,一直拖到城外,还分散到各种店铺作坊,处处比肩。扬起的红尘,在四方升腾,如烟云一般弥漫。整个都城,丰饶富裕,欢娱无边。都市中的男男女女,与东南西北中各地的人完全不同。游人的服饰车乘可与公侯比美,商号店家的奢华超过了姬姓姜姓的贵族。

与班固西都、东都两赋的聘辞相比,西晋左思赋"三都"(《魏都赋》《吴都赋》《蜀都赋》),产生了"洛阳纸贵"的都城效应。"三都赋"在当时的传播,有皇甫谧"称善","张载为注《魏都》,刘逵注《吴》《蜀》而序","陈留卫权又为思赋作《略解》而序","司空张华见而叹",陆机"绝叹伏,以为不能加也,遂辍笔"不再赋"三都"。唐太宗李世民及其重臣房玄龄等撰《晋书》,于文苑列传立左思传,共830余字,用640余字赞叹左思"三都赋"及《齐都赋》之"辞藻壮丽"。"不好交游,惟以闲居为事"的左思,名扬京城,让有高誉的皇甫谧"称善",让"太康之杰"的陆机"叹服""辍笔",让居于司空高位的张华感叹,让全洛阳的豪贵之家竞相传写,这一切与其说是感叹左思的才华,不如说是人们对"魏都之卓荦"、吴都"琴筑并奏,笙竽俱唱",蜀都"出则连骑,归从百两"的向往与艳羡。都市的富贵荣华、欢娱闲荡,太具有吸引力了!可以想象,当"大手笔"们极尽描摹之能事,炫耀都城美丽、都市欢乐图景的时候,澎湃的激情中洋溢着对都市生活多么深情的憧憬。自古以来,都城便与"繁华""豪奢"联系在一起,城市生活成了"快活""享乐"的代名词。北宋都市生活繁华,浪迹汴京街巷坊曲的柳三变,"忍把浮名,换了浅斟低唱",一度"奉旨填词",其词至今尚存210余阕。"针线闲拈伴伊坐",固然使芳心女儿神往陶醉;"杨柳岸晓风残月",无时不令人心旌摇曳;而让金主"遂起投鞭渡江之志"的还是那"钱塘自古繁华":

> 东南形胜,三吴都会,钱塘自古繁华。烟柳画桥,风帘翠幕,参差十万人家。云树绕堤沙,怒涛卷霜雪,天堑无涯。市列珠玑,户盈罗绮,竞豪奢。

> 重湖叠巘清嘉,有三秋桂子,十里荷花。羌管弄晴,菱歌泛夜,嬉嬉

钓叟莲娃。千骑拥高牙,乘醉听箫鼓,吟赏烟霞。异日图将好景,归去凤池夸。

柳永挥毫歌颂"三吴都会"的钱塘杭州:东南形胜,湖山清嘉,城市繁荣,市民殷富,官民安逸。"夸"得词中人物精神抖擞,"夸"得词人自己兴高采烈。北宋末叶在东京居住的孟元老,南渡之后,常忆东京繁盛,绍兴年间撰成《东京梦华录》,其间的描摹,与柳永的歌唱,南北映照。孟元老追述都城东京开封府的城市风貌,城池、河道、宫阙、衙署、寺观、桥巷、瓦舍、勾栏,以及朝廷典礼、岁时节令、风土习俗、物产时好、街巷夜市,面面俱到。序中的描摹,令人越发想要观赏那盛名不衰的《清明上河图》。

太平日久,人物繁阜。垂髫之童,但习鼓舞;斑白之老,不识干戈。时节相次,各有观赏。灯宵月夕,雪际花时,乞巧登高,教池游苑。举目则青楼画阁,绣户珠帘。雕车竞驻于天街,宝马争驰于御路。金翠耀目,罗绮飘香。新声巧笑于柳陌花衢,按管调弦于茶坊酒肆。八荒争凑,万国咸通。集四海之珍奇,皆归市易;会寰区之异味,悉在庖厨。花光满路,何限春游?箫鼓喧空,几家夜宴?伎巧则惊人耳目,侈奢则长人精神。瞻天表则元夕教池,拜郊孟享。频观公主下降,皇子纳妃。修造则创建明堂,冶铸则立成鼎鼐。观妓籍则府曹衙罢,内省宴回;看变化则举子唱名,武人换授。仆数十年烂赏叠游,莫知厌足。

"侈奢则长人精神",一语道破了"市列珠玑,户盈罗绮,竞豪奢"之底气,"烂赏叠游,莫知厌足"之纵情。市场上陈列着珠玉珍宝,家橱里装满了绫罗绸缎,当大家都比着赛着要"炫富"时,每个人该是何等的精神焕发,又是何等的意气洋洋?幻化自古繁华之钱塘,想象太平日久之汴都,试看今日之天下,何处不胜"汴都",到处都似"钱塘"。纵班固文赡,柳永曲宏,霓虹灯下的曼妙,何以写得明白,唱得清楚?

三、"城""乡"的激荡

(一)乡里人的城市感觉

乡里人进城,感觉当然十分丰富。对这份"感觉"的回忆,令人蓦然回首。我有过一个短暂而幸福的童年。留在记忆深处的片断里,最不能抹去,时时涌现脑海的,就是穿着一身新衣,打扮得光鲜靓丽,牵着姐姐的手,"到街上去"。每到这个时候,总会听到这样的问:"到哪里去?""到街上去。""啊,衣裳怎么那么好看呢!颜色亮得很啊!"答话的总是姐姐,看衣服的总是我。我总会用最喜悦的眼光看问话的人,用最自豪的动作扭扭捏捏地扯一扯自己的衣角,再低下头看看鞋袜。接着还会听到一句夸奖:"哟,鞋穿得怎么那么合适呢,是最时兴的啊!"于是"到街上去"就和崭新的衣服、新款的鞋袜连在一起。这也是我这个乡里人最早对"城市"的感觉。牵着姐姐的手到街上,四处"逛"来"逛"去,走得昏头昏脑,于是真正到了"街上"的情形反而没有多少欢乐或痛苦了。和母亲"到街上",是去看戏。看戏对母亲不是一件愉快的事。母亲看戏是为了服从"家长"的安排,而她最担心的还是城里人会说我们是"乡棒"。留给母亲的还有一点"不高兴",就是母亲去看戏总要抱着我,是个"负担"。当我被抱着看戏的时候,戏是什么不知道,看的只是妈妈的脸。看她长长的睫毛、大大的眼睛、棱棱的鼻子、白皙的皮肤。再长大一点,就是看戏园子。朦胧的感觉只是人多啊人真多啊,接着是挤呀挤,在只能看见人的衣服、人挪动着腿的昏暗中,也随着大流迈动自己的脚。如此而已!真正成人了,似乎才懂得了母亲的感受。

曾读过日本人小川和佑著的《东京学》,有一节题作:"东京人都很聪明却心肠很坏……"。而且这个小标题,犹有意味地还加上了一个省略号。为什么会有这个结论,作者分析说:"如果为东京人辩护,这并不是说唯独东京人聪明而心肠坏,那是因为过去只知道在闭锁式共同体内生活的乡下到东京来的人,一味地只在他们归属的共同体之逻辑里思维和行动的缘故。这时候,对方当然企图以过密空间之逻辑将之击败。"(小川和佑:《东京学》,廖为智译,台北一方出版,2002年版)这个反省是深刻的。乡里人进城,回到乡里,最为激烈的反映,恐怕就是说,城里人很坏,那个地方太挤了。我曾经在大都市耳闻目睹过城里人对乡里人的态度,尤其是当车轮滚滚、人流涌动的"高峰"时段。这时候,所有的人,或跑了一天正饿着,或忙了一天正累着。住在城里的想要回家歇息,进城来的人想要找个地方落脚。于是,谁看见谁都不顺眼。恶狠狠地瞪一眼,粗声粗气地骂几句。"城"与"乡"的差别,在这个时候就表现得最明显了。但是,无论怎样的不愉快,过城里人的生活,是乡村人永远的梦;过城里人的生活,可谓是许多乡里人追求生活的终极目标。

20世纪80年代伊始,小说家高晓声发表了中篇小说《陈奂生上城》,把刚刚摘掉"漏斗户主"帽子的陈奂生置于县招待所高级房间里,也即将一个农民安置到高档次的物质文明环境中,以此观照,陈奂生最渴望的是希望提高自己在人们心目中的地位,总想着能"碰到一件大家都不曾经历的事情"。而此事终于在他上城时碰上了:因偶感风寒而坐上了县委书记的汽车,住上了招待所五元钱一夜的高级房间。在心痛和"报复"之余,"忽然心

里一亮"，觉得今后"总算有点自豪的东西可以讲讲了"，"精神陡增，顿时好像高大了许多"。高晓声惟妙惟肖的描写，一针见血，揭示的正是"乡里人"进城的最大愿望，即"希望提高自己在人们心目中的地位"。中国乡村人的生活，真的是太"土"了。著名诗人臧克家有一首最为经典的小诗，题作《三代》，诗云："孩子，在土里洗澡；爸爸，在土里流汗；爷爷，在土里葬埋。"仅用二十一个字，浓缩了乡里人一生与"土"相连的沉重命运。比起头朝黄土背朝天的乡里人的"土"，城里人被乡里人仰望着称为"洋"；比起日复一日，年复一年，忙忙碌碌，永无休闲的乡里人，城里人最为乡里人羡慕的就是"乐"。为了变得"洋气"，为了不那么苦，有一点"乐"，乡里人花几代人的本钱，挣扎着"进城"。

（二）城里人的城市记忆

我曾从陇中的"川里"到了陇南的"山里"，又从陇南的"山里"到了省城的"市里"，在不断变换的旅途中，算一算，大大小小走过了近百个城市，而且还有幸出国，到了欧洲、非洲的一些城市。除生活了三十多年的省城，还曾在北京住了一年，在扬州住了两年，在上海"流动"五个年头，在土耳其的港口城市伊斯坦布尔住了一年半，在祖国宝岛台湾的台中市住了四个月零一周。每一座城市都以其独特的"风格"展示着无穷的魅力，也给我留下了许多难以忘怀的记忆。当我试着想用城里人的感觉来抒写诸多记忆的时候，竟然奇迹般地发现，城里人的城市记忆，也如同乡里人进城一样的复杂。于是，只好抄一些"真正"的城里人所写的城市生活和城市记忆。张爱玲出生在上海公共租界的一幢仿西式豪宅中，逝世于美国加州洛杉矶西木区罗彻斯特大道的公寓，是真正的城里人。她在《公寓生活记趣》中写城市生活，说她喜欢听市声：

> 我喜欢听市声。比我较有诗意的人在枕上听松涛，听海啸，我是非得听见电车响才睡得着觉的。在香港山上，只有冬季里，北风彻夜吹着常青树，还有一点电车的韵味。长年住在闹市里的人大约非得出了城之后才知道他离不了一些什么。城里人的思想，背景是条纹布的幔子，淡淡的白条子便是行驶着的电车——平行的，匀净的，声响的河流，汩汩流入下意识里去。

"市声"的确是城市独有的"风景"，也是城里人最易生发感叹的"记忆"。胡朴安编集《清文观止》，收录了一篇清顺治、康熙年间沙张白的《市声说》。沙张白笔下的"市声"，那就不仅仅是"喜欢"不"喜欢"了。他从鸟声、兽声、人声写到叫卖声、权势声,最终发出自己深深的"叹声"。城市啊,也是百般滋味在心头。

比起市声,最最不能抹去的城市记忆,恐怕就是"街"。一条条多姿多彩的"街",是一道道流动的风景线,负载着形形色色的风情,讲述着一个个动人的故事,呈现着各种各样的文化。潘毅、余丽文编的《书写城市——香港的身份与文化》,收录了也斯的《都市文化·香港文学·文化评论》一文,文章对都市做了这样的概括:"都市是一个包容性的空间。里面不止一种人、一种生活方式、一种价值标准,而是有许多不同的人、生活方式和价值标准。就像一个一个橱窗、复合的商场、毗邻的大厦,不是由一个中心辐射出来,而是彼此并排,互相连接。""都市的发展,影响了我们对时空的观念,对速度和距离的估计,也改变了我们的美感经验。崭新的物质陆续进入我们的视野,物我的关系不断调整,重新影响了我们对外界的认知方法。"读着这些评论的时候,我的脑海里如同上演着一幕幕城市的黑白电影,迅雷般的变迁,灿烂夺目,如梦如幻。

都市是一种历史现象,它是社会经济发展到一定阶段的产物,又是人类文化发展的象征。研究者按都市的主要社会功能,将都市分为工业都市、商业都市、工商业都市、港口都市、文化都市、军事都市、宗教都市和综合多功能都市等等。易中天《读城记》里,叙说了他所认识的政治都城、经济都市、享受都市、休闲都市的特点。诚然,每一个城市都有自己的个性,都有自己的风格,但与都市密切关联着的"繁荣""文明""豪华""享乐",对任何人都充满诱惑。"都市生活的好处,正在于它可以提供许多可能。"相对于古代都市文化,现代形态的都市文化,通过强有力的政权、雄厚的经济实力、便利的交通运输、快捷的信息网络、强大的传媒系统,以及形形色色的先进设施,对乡镇施加着重大的影响,也产生着无穷的、永恒的魅力。

四、都市文明的馨香

自古以来,乡里人、城里人,在中国文化里就是两个畛域分明的"世界",因此,缩小城乡差别,决然成为新中国成立后坚定的国策,也俨然成为国家建设的严峻课题。改革开放的东风吹醒催开了一朵娇艳的奇葩,江苏省淮阴市的一个小村庄——华西村,赫然成为"村庄里的都市",巍然屹立于21世纪的曙光中。"榜样的力量是无穷的。"让中国千千万万个村庄发展成为"村庄里的都市",这是人民的美好愿望。千千万万个农民,潮水般涌入城市,要成为"城里人"。千千万万个城市,迎接了一批又一批"乡亲"。两股潮水汇聚,潮起潮落,激情澎湃! 如何融入城市,建设城市? 怎样接纳"乡亲",

共同建设文明？回顾历史，这种汇聚，悠久而漫长，已然成为传统。文化是民族的血脉，是人民的精神家园。文化发展为了人民，文化发展依靠人民。如何有力地弘扬中华传统文化，提高人民文化素养，推动全民精神文化建设，是关乎民族进步的千秋大业。虽然有关文化的书籍层出不穷，但根据一个阶层、一个群体的文化特点，有针对性地进行文化素质培养，从而有目的地融合"雅""俗"文化，较快地提高社区文明层次，在当代中国文化建设中仍然具有十分重要的意义。

自改革开放以来，随着城乡人的频繁往来，大数量的人群流动，尤其如"农民工""打工妹"等大批农民潮水般地进入城市，全国城乡差别大大缩小。面对这样的现实，如何让城里人做好榜样，如何让农村人迅速融入城市生活，在文化层面上给他们提供必要的借鉴，已是刻不容缓的任务，文化工作者责无旁贷。这也正是"中华传统都市文化丛书"编辑出版的必要性和时效性。随着网络的全球化覆盖，世界已进入"地球村"时代，传统意义上的"城市"，已经不是都市文明建设的理想状态，在大都市社会中逐渐形成并不断扩散的新型思维方式、生活方式与价值观念，不仅直接冲毁了中小城市、城镇与乡村固有的传统社会结构与精神文化生态，同时也在全球范围内对当代文化的生产、传播与消费产生着举足轻重的影响。可以说，城市文化与都市文化的区别正在于都市文化所具有的国际化、先进性、影响力。为此，"中华传统都市文化丛书"构设了以下的内容：

> 传统信仰与城市生活：城隍；
> 服饰变化与城市形象：服饰；
> 饮食文化与城市风情：饮食；
> 高楼林立与城市空间：建筑；
> 交通变迁与城市发展：交通；
> 传统礼仪与城市修养：礼仪；
> 语言规范与城市品位：雅言；
> 歌舞文艺与城市娱乐：歌舞。

全丛书各册字数约25万，形式活泼，语言浅显，在重视知识性的同时，重视可读性、感染力。书中述写围绕当代城市生活展开，上溯历史，面向当代，各册均以"史"为纲，写出传统，联系现实，目的在于树立文明，为都市文化建设提供借鉴。如梦如幻的都市文化，太丰富，太吸引人了！这里撷取的仅仅是花团锦簇的都市文明中的几片小小花瓣，期盼这几片小小花瓣洋溢着的缕缕馨香浸润人们的心田。

我们经常在问什么是文明，人何以有修养？偶然从同事处借到一本何兆武先生的《上学记》，小引中的一段话，令人茅塞顿开。撰写者文靖说："我常常想，人怎样才能像何先生那样有修养，'修养'这个词，其实翻过来说就是'文明'。按照一种说法，文明就是人越来越懂得遵照一种规则生活，因为这种规则，人对自我和欲望有所节制，对他人和社会有所尊重。但是，仅仅是懂得规矩是不够的，他又必须有超越此上的精神和乐趣，使他表现出一种不落俗套的气质。《上学记》里面有一段话我很同意，他说：'一个人的精神生活，不仅仅是逻辑的、理智的，不仅仅是科学的，还有另外一个天地，同样给人以精神和思想上的满足。'可是，这种精神生活需要从小开始，让它成为心底的基石，而不是到了成年以后，再经由一阵风似的恶补，贴在脸面上挂作招牌。"顺着文靖的感叹说下来，关于精神生活需要从小开始的观点，我很同意，精神修养真的是要在心底扎根，然后萌芽、成长，慢慢滋润，才能成为一种不落俗套的气质。我们期盼着……

2015年元旦

总序
都市文化的魅力

目　录

交通变迁与城市发展·交通

引言

都市与交通

论中国古代的都市与交通,可以以现代的都市与交通的情况作为参照。古今虽然时空不同,但同样作为城市,其形制、功能皆有相似之处,所以首先让我们了解一下现代都市与现代交通。

一、现代都市与交通

1933年8月,国际现代建筑协会(CIAM)第4次会议通过了关于城市规划理论和方法的纲领性文件——《城市规划大纲》,后来被称作《雅典宪章》。《雅典宪章》指出:"城市功能可以划分为居住、工作、游憩、交通四类,进而提出了城市功能分区的思想。"其重要的意义在于提高了城市交通的地位和作用。

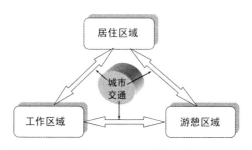

图1 《雅典宪章》中提出的城市四种功能之间的关系

关于城市交通,《雅典宪章》认为:"交通问题主要是城市道路大多是旧时代留下来的,宽度不够,交叉口过多,未能按照功能进行分类。"并认为"局部放宽、改造道路并不能解决问题。建议从整个道路系统的规划入手,按照车辆的行驶速度进行功能分类。同时,办公楼,商业服务、文化娱乐设施等

过分集中,也是交通拥挤的重要原因"。

1977年12月,一些城市规划设计师聚集于利马(Lima),以雅典宪章为出发点进行了讨论,提出了包含有若干要求和宣言的《马丘比丘宪章》。在《城市运输》部分中规定:

> 公共交通是城市发展规划和城市增长的基本要素。城市必须规划并维护好公共运输系统,在城市建设要求与能源衰竭之间取得平衡。交通运输系统的更换必须估算它的社会费用,并在城市的未来发展规划中适当地予以考虑。
>
> 雅典宪章很显然把交通看成为城市基本功能之一,而这意味着交通首先是利用汽车作为个人运输工具。44年来的经验证明,道路分类、增加车行道和设计各种交叉口方案等方面根本不存在最理想的解决方法。所以将来城区交通的政策显然应当是使私人汽车从属于公共运输系统的发展。
>
> 城市规划师与政策制定人必须把城市看作为在连续发展与变化的过程中的一个结构体系,它的最后形式是很难事先看到或确定下来的。运输系统是联系市内外空间的一系列的相互连接的网络。其设计应当允许随着增长、变化及城市形式做经常的试验。

《马丘比丘宪章》弥补了《雅典宪章》的不足,认为人的相互作用与交往是城市存在的基本根据,强调了人与人之间的相互关系对城市发展和城市规划的重要性。这里人与人的作用与交往就是城市活动,而城市活动在空间上的表现就是城市交通。

由此可见,现代城市规划对城市交通的重要性是给予了充分的认识的:应该重塑整个城市的道路交通系统,使办公楼、商业服务、文化娱乐等设施相对分散,即城市的职能不能过分集中,避免交通过分拥堵;交通的设计应充分考虑到城市的增长、变化等因素,等等。

图2　现代都市中的交通拥堵

然而,现代都市与现代交通的关系却是紧张的,城市规划考虑不周、城市规模过大、城市功能相对集中、城市车辆过多等因素都会导致都市与交通出现矛盾,就会出现如上图所示的情况:严重的交通堵塞。

那么,对比现代都市,在中国古代社会,都市与交通的关系又是怎么样呢? 会不会出现严重拥堵的情况?

二、古代都市与交通

中国古代经历了漫长的时期,古代都市不断发生着变化,都市的变化又制约着交通的发展。大体来说,中国古代都市建设有以下特点:一、易依水而建;二、城市规划时政治因素起决定作用;三、城市布局呈南北为主的棋盘状。

首先,中国古代都市,尤其是远古时期的城市,易选择依水边而兴建。人类依靠河流生存,文明依靠河流发育,中国早期的城市沿河流两岸而兴,并且,平原地区的河流沿岸物产丰富,为城市提供了基本的物质保障,河流也为城市提供丰富的水源,这些都是早期城市依水而建的原因。这在中国古代早期城市地理位置的选择上体现尤为明显。

首先,在远古,水运以外的交通方式并不发达,为了便于与周边地区交流,城址选择必须考虑水陆交通条件。因此,不难看出,自然条件制约了都市的地理位置选择,为了都市保障,便于交通等因素,都市向交通妥协。

其次,中国古代都市在规划时多考虑政治因素。早期的都市出现往往具有"守君卫民"的政治要求,在地理位置上的考量除了交通便利外,其次就是"易守难攻"了,都市以山岳为城墙、以大河为护城河是最理想的选址。在城市规划上,往往以君主为第一考虑对象,比如,都城的道路分成三个部分,中间部分为皇帝或有品级的大臣专用,而两边的道路则为普通民众所使用。同时中间的御道又最为宽阔,凸现皇帝尊贵的身份和地位。由此,可以看出中国古代都市的规划往往带有浓郁的政治色彩,因此都市中的交通也就只能为其让步了。

第三,中国古代都市布局往往呈现棋盘状。在城市空间结构上,中国古代都市多采用棋盘状格局,且每个方格的尺度较大,特别是都城,如唐长安城和明清的北京城,体现着统治阶级的集权意识和社会价值观念。棋盘状的布局规定了都市交通的格局,即与城门连通,都市的道路多以南北的纵向道路为主,呈网格状分布,四通八达。

下面就中国古代的都市与交通情况分而述之。

筑城立国修威仪

中国古人对都市的想象

一、"二里头"王城:"前都市"的交通状况

我国是人类发源地之一。距今7000到8000年前的新石器时代,在黄河流域和长江流域出现了相当进步的农业经济。随着农业的出现,永久性的村落也开始出现。仰韶文化时代,村落的规模已相当可观。河南渑池仰韶村遗址,面积近30万平方米,陕西西安半坡遗址,面积约5万平方米,临潼姜寨遗址,面积为5.5万平方米。这些村落都已有一定规模,特别是后两个遗址,在居住区外发现了起防御作用的壕沟。

这些遗址可算是中国远古时期,大都市形成之前的预演了。而每一个"前都市"在十分讲究布局的同时,也有与其配套的、完善的交通设施。

西安市临潼区姜寨文化遗址是一处6600年前的古人类聚居地,其道路的修筑显得更加有规模,布局也十分讲究。专家们从中发现,此处遗存的五大住宅区片均围绕中心广场修筑有道路,各片区之间也有道路互相连通,路面以料礓石铺垫,路基采用火烧硬化土层。其中心广场西侧已经发掘出两条平行的人工道路,一条残长53.3米,宽0.7米;另一条残长12.5米,宽0.75~0.8米。路面十分坚硬,而且厚度达到10厘米。[1]

陕西宝鸡市金台区北首岭文化遗址是一处6000年前的古人类聚居地,考古发现,在三大住宅片区中间有一块面积约6000平方米的广场,广场附近有一段结构为4层的道路遗存,不仅路面十分平坦,而且用兽骨、碎鹅卵石、碎陶片结构铺筑有约8~12厘米的路基层,以及经过火烧硬化达2厘米

---

①西安半坡博物馆、陕西省考古研究所、临潼县博物馆:《姜寨——新石器时代遗址发掘报告》,文物出版社,1988年版,第52页。

厚度的红土层。①

　　河南周口市淮阳县平粮台文化遗址是一座面积约3.4万平方米的古城遗址,迄今约4300年,相传曾是太昊伏羲氏的首都所在之地,城内已经修筑有整齐的大路和小道,大路的宽度约为1.7米,路面全部采用料礓石铺垫,出城路段还埋设有陶制的排水管道。②

　　可见,远古时期这些"都市"的交通设施已十分完善:路基采用火烧硬化土层;路面宽阔坚硬;各片区道路互相连通;路边设有排水管道等等。这些措施为今后的大都市积累了道路修建的宝贵的经验。

　　夏朝的都城二里头王城算一个"准都市"了。二里头王城就是夏王朝两次建都的斟寻,二里头王城"宫城位于遗址中心区,平面略呈南北长方形……东城墙长378米,其上发现门道2座。西城墙长359米,南部发现有城门1座。北城墙长约292米。南城墙长295米,西部有城门1座,整个宫城面积约为10.8万平方米"。③

　　但这个"准都市"的交通却丝毫不逊色。据郑杰祥《二里头遗址发现的一些重要遗迹的分析》所载:"在二里头遗址的中心区,发现有纵横交错的道路,四条大路垂直相交,其走向与1、2号宫殿基址方向基本一致,略呈'井'字形,呈现出方正规矩的布局。路土一般宽12~15米,最宽处达20米。"④

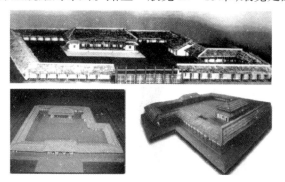

图3　二里头宫殿复原图

中国古人对都市的想象

①中国科学院考古研究所:《一九七六年宝鸡北首岭遗址发掘简报》,载《考古》1979年第2期。

　　②河南省文物研究所、周口地区文化局文物科:《河南淮阳县平粮台龙山文化城址试掘简报》,载《文物》1983年第3期。

　　③方孝廉:《二里头遗址新的考古发现与思考》,载《二里头遗址与二里头文化研究》,北京:科学出版社,2006年版,第13页。

　　④郑杰祥:《二里头遗址发现的一些重要遗迹的分析》,载《二里头遗址与二里头文化研究》,北京:科学出版社,2006年版,第19页。

005

二、秩序：对都市的想象

1.从"井田制"说起

"井田"一词，最早见于《谷梁传·宣公十五年》："古者三百步为里，名曰井田。"夏代曾实行过井田制。商、周两代的井田制因夏而来。所谓"井田"，就是具有一定规划、亩积、疆界的方块田。长、宽各百步的方田叫一"田"，一田的亩积为百亩，百亩田叫一"夫"，即一个劳动力耕种的土地。井田规划各地区也不一致：有些地方以十为一个单位，有些地方则以九为单位，把九块

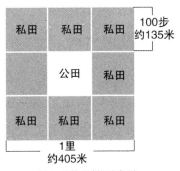

图4 "井田制"示意图

方田叫一"井"。因为把九块方田摆在一起，恰好是一个"井"字形，井田的名称就是这样来的。一井的面积是方一"里"；一百井是方十里，叫一"成"，可容纳九百个劳动力劳作；一万井是方百里，叫一"同"，可容纳九万个劳动力劳作。

在井田的田与田、里与里、成与成、同与同之间，分别有大小不同的灌溉渠道，叫遂、沟、洫、浍；与渠道平行，还有纵横的通行道，叫径、畛、途、道。各种渠道的大小、深浅和通道的宽窄，都有一定的规格。

战国时期，秦国任用商鞅变法，"为田，开阡陌"，推行土地个人私有制。至此，井田制彻底瓦解。秦汉以后，井田制的社会基础虽然已不复存在，但其对田地均分共耕之思想对后世的影响却极为深远。

2.古人对于都市的想象

不难看出，井田制对于天下土地的划分，恰恰代表着古人对于天下的想象：整个井田的土地代表天下的土地；九块田地工整铺开，井然有序，代表着秩序、永恒；将天下的土地均分，代表着朴素的平均主义思想；居井田中央，可以环顾、俯视四周，代表着"溥天之下，莫非王土；率土之滨，莫非王臣"，体现着统治者的无限权威。

这种对于天下的想象移植到都市中，就是古人对都市的谋划和布局了。都市只不过是缩小的"王土"。

而都市的交通——分割井田的道路——则是对于天下道路和都市道路的想象。之所以分成横向、纵向九条，是因为"九"除了具有其他数词表示事物的数量和顺序的作用以外，还常表示"多"的意思。《素问·三部九侯论》中说："天地之至数，始于一，终于九焉。"认为"九"是最高数，超过九，就要进一位，又回到"一"了。同时，"九"为最高数，又与"久"谐音，所以自古为人们所

喜爱。历代统治者更爱"九",意使天下永久。

因此,当周公"制礼作乐"之时,这种朴素的思想与"礼"相结合,被贯彻到国家的方方面面,包括城市建设的思想:或表现在城市的规模大小、城市的级别高低;或表现于建筑的屋顶形式的差别,色彩的不同;或表现于城市中宫殿、府邸的尊卑等级;或表现于道路的宽狭,使用道路的特权等等。

具体的做法在《周礼·考工记》中有明确表述:

> 匠人营国,方九里,旁三门。国中九经九纬,经涂九轨,左祖右社,面朝后市。市朝一夫。①
>
> 内有九室,九嫔居之。外有九室,九卿朝焉。九分其国,以为九分,九卿治之。②

匠人规划都市的方法:方圆九里,每边设三座城门,城中有九条南北向道路和九条东西向道路,南北向道路宽九轨,(宫殿)左边是祭祀的庙堂(太庙),右边是社稷坛,朝廷在前,市场在后,市场的大小如一夫之地,即方百步,东西、南北各长"一夫"(140米左右)。这种营建制度也是中国古代都市规划思想的集中体现,对后世城市的发展产生了决定性的影响。

由此,中国古代城市呈现的形态大多数是方形的。城市布局运用中轴线对称的手法,城市平面轮廓、结构呈现一种规则的、方正的图案。城市建设中强调轴线构图、轴线对称以及具有深远透视效果的大道,反映出一种王权、礼制至尊的思想。中国古代的城市中,宫城居于城市中心位置,并占据很大的面积,他们是政治统治的中心——皇宫、官府、衙门。

主要体现在:

(1)皇宫

古代城市规划思想热衷于将宫殿建筑及其他政治机构设立在城市中央,这样有利于形成政治、军事中心,有利于发挥中央政权的控制作用。同时,在礼制的方位尊卑观念中,以居中为尊,右左次之。因此,城市往往以皇帝所在的宫城为政权的核心,位于显赫的城市中轴线上,体制最崇高,也使全城对称均衡。

(2)轴线

以礼制为主导的政治制度,非常关注"礼"的上下尊卑的等级秩序,在城

筑城立国修威仪
中国古人对都市的想象

---

①〔清〕孙诒让撰,王文锦、陈玉霞点校:《周礼正义》,北京:中华书局,1987年版,第3423页。

②〔清〕孙诒让撰,王文锦、陈玉霞点校:《周礼正义》,北京:中华书局,1987年版,第3467页。

市规划与建设中体现出中轴对称的一元构图,使重点突出。对称轴具有统帅全构图的作用,易于显出尊卑的差别与秩序,纵向的建筑以中轴位对称,主次分明、井然有序,具有尊严的效果。

(3)棋盘

中国古代城市规划思想中棋盘式的布局能看出井田制的影子,把城市视为一大块井田,田间阡陌转化为城市的南北道路,构成棋盘上的道路网,将城市分割成若干面积相等的方块棋盘。

这样,全城以皇宫为核心,建筑向南北展开,以中轴为对称,通盘又呈现出有秩序的棋盘式布局,这就是古人对于都市的想象了。

三、制九州、列九服:都市与都市的安排

1.从大禹治水说起

大禹治水的神话故事在全国许多地方世代相传,大禹的足迹遍布全国各地,各大河流也都被说成是禹治理过的,在治水之前,大禹先"通九道",打通治水的交通路线。后世的都市,就是沿着大禹所通的"九道"而被连通起来。

图5 大禹像

相传在尧舜时代,气候变暖,冰雪消融。大地多为川泽。人类或登高陵土山,或以木为舟,载沉载浮,幸免沦没。古黄河改道从苏北平原入海,淮、泗流域发生特大洪水,"汤汤洪水方割,荡荡怀山襄陵,浩浩滔天"(《尚书·尧典》)。加之海平面升高,海水倒灌,淮河淤积,使泰山以西到沂蒙以南至苏北地区,成为大片泽国。人们流离失所,无家可归,各部落的人们被迫逃避到一个个高地上,形成了许多孤岛。鲧是传说中禹的父亲,颛顼的儿子,姒姓,建国于崇,史称崇伯。鲧是尧帝的臣子,洪水泛滥时,他由四岳推荐给

尧,被派去治理洪水。由于他采用堵塞的方法,结果九年不成,用堙塞的方法,淹没许多人的生命。按照《尚书》的记载,鲧是一个凶神恶煞般的人物。而在古代神话中,鲧却常常得到很高的评价。"鲧窃帝之息壤以堙洪水"(《山海经》),意思是说他曾经窃取天帝的息壤来堵洪水,鲧成了一个不顾个人安危,救民于水火的英雄。但是他未能成功,"不待帝命,帝令祝融杀鲧于羽郊",在这个关键的时候,天帝发现了鲧的行为,大为震怒,派了著名的火神祝融下界将鲧杀死在羽山。鲧成了悲剧的英雄人物,其勇于奉献的精神可嘉。但是他在治水方法上的失误,却为后继者指明了方向。

《左传·昭公七年》:"昔尧殛鲧于羽山,其神化为黄熊,以入于羽渊,实为夏郊,三代祀之。"又据《山海经·海内经》:"鲧腹生禹,帝乃命禹卒布土以定九州。"鲧死之后,从他的腹中生出了他的儿子禹。大禹奉命继承了父亲未竟的事业。

《史记·夏本纪》:"禹伤先人父鲧功之不成受诛,乃劳身焦思,居外十三年,过家门不敢入。"[1]叙说大禹舍家为国,忘我工作,在外连续工作十三年,三过家门而不入,让人敬佩。他吸取了父亲失败的教训,采用疏导的方法治水,并且亲自指挥。为了全面了解水情和地势,他的足迹踏遍了九州,勘察测量山形水势,疏导九条河道,修治九个大湖,凿通了九条山脉,栉风沐雨,历经十年之久,终于战胜了洪水,使得全国范围内形成的众河流归于大海。禹不仅治理了水患,而且还考察了九州的土地,并在此基础上,划定了五服界域。

经过大禹治水,"淮、沂其治,蒙、羽其艺"之地(《史记·夏本纪》),淮河和沂水流过的地方,蒙山和羽山之间,经过大禹的治理,将淤积的大水"谷",引入大海,清理了古黄淮泛区的一些河段,开出了许多良田和沃土,成为人民安居乐业的地方。其后又划分了行政区域,也就是青、兖、徐、扬、梁、豫、冀、荆、雍等九州。因禹治水有功,舜便将部落联盟首领之位禅让给禹,禹便成为夏朝开国之君。

在交通史上,大禹也有莫大的功绩,"五服"和"九道"便是影响后世都市之间交通轨迹的两条措施。

2.五服

"五服"更容易被理解为丧服饰制度:"中国封建社会是由父系家族组成的社会,以父宗为重。其亲属范围包括自高祖以下的男系后裔及其配偶,即自高祖至玄孙的九个世代,通常称为本宗九族。在此范围内的亲属,包括直

①《史记·夏本纪》,北京:中华书局,1959年版,第51页。

系亲属和旁系亲属,为有服亲属,死为服丧。亲者服重,疏者服轻,依次递减。"服制按服丧期限及丧服粗细的不同,分为五种,即所谓五服:

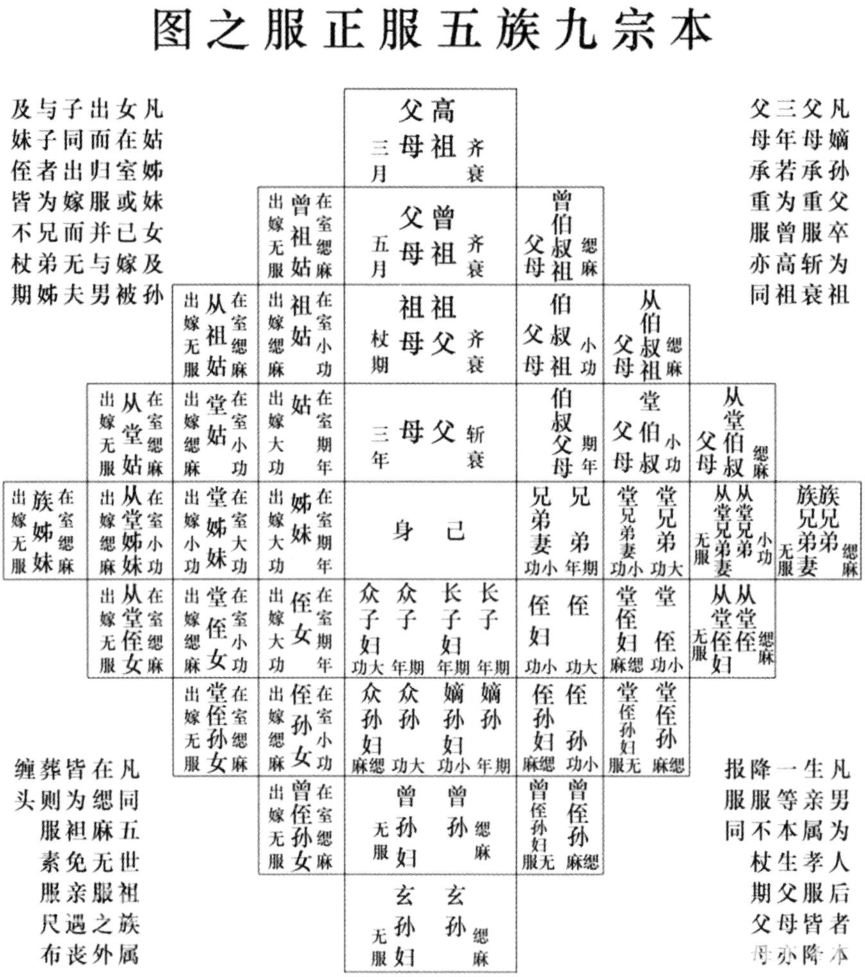

本宗九族五服正服之图

凡在室姑姊妹女及出嫁而与子侄者皆不杖期 与子同出而无夫男被孙

父高母祖 三月 齐衰

凡嫡孙父卒为祖后者承重服斩衰三年若承重曾高祖亦同

			曾祖父母 齐衰五月		曾伯叔祖父母 缌麻			
		祖姑 出嫁无服／在室缌麻	祖父母 齐衰杖期	伯叔祖父母 小功	从伯叔祖父母 缌麻			
	堂姑 出嫁无服／在室缌麻	姑 出嫁小功／在室大功	父母 斩衰三年 三母	伯叔父母 期年	堂伯叔 小功	从堂伯叔父母 缌麻		
族姊妹 出嫁无服／在室缌麻	堂姊妹 出嫁缌麻／在室小功	姊妹 出嫁小功／在室大功	身己	兄弟 期年 兄弟妻 小功	堂兄弟 大功 堂兄弟妻 小功	从堂兄弟 小功 从堂兄弟妻 无服	族兄弟 缌麻 族兄弟妻 无服	
族侄女 出嫁无服／在室缌麻	堂侄女 出嫁缌麻／在室小功	侄女 出嫁大功／在室大功	长子 长子妇 年期 众子 众子妇 大功年期 嫡孙 嫡孙妇 小功年期	侄 功小 侄妇 功小	堂侄 功小 堂侄妇 缌麻	从堂侄 无服		
	堂侄孙女 出嫁无服／在室缌麻	侄孙女 出嫁缌麻／在室小功	众孙 众孙妇 小功大功 曾孙 曾孙妇 缌麻无	侄孙 功小 侄孙妇 缌麻	堂侄孙 缌麻 堂侄孙妇 无服			
		曾侄孙女 出嫁无服／在室缌麻	曾孙 曾孙妇 缌麻无服	曾侄孙 缌麻 曾侄孙妇 无缌				
			玄孙 玄孙妇 缌麻无服					

凡同五世祖之族属亲遇丧则为之缌麻服葬则素免无服缠头布尺

凡男为人后者本生父母皆降一等不杖期本生父母亦降 报服服同生孝服

图6 五服图

(1)斩衰

斩衰,衰通"缞"。五服中最重的丧服。用最粗的生麻布制成,断处外露不缉边,丧服上衣叫"衰",因称"斩衰"。表示毫不修饰以尽哀痛,服期三年。古代,诸侯为天子,臣为君,男子及未嫁女为父,承重孙(长房长孙)为祖父,妻妾为夫,均服斩衰。至明清,子及未嫁女为母,承重孙为祖母,子妇为姑(婆),也改齐衰三年为斩衰。女子服斩衰,并须以生麻束起头发,梳成丧髻。实际服期约两年余,多为二十五个月除孝。

（2）齐衰

齐衰，齐，下衣的边。齐通缉，衰通缞。是次于"斩衰"的丧服。用粗麻布制成，断处缉边，因称"齐衰"。服期分三年、一年、五月、三月。服齐衰一年，用丧杖，称"杖期"，不用丧杖，称"不杖期"。周代，父在为母服齐衰杖期，父卒服齐衰三年。唐代，为母，父在父卒皆齐衰三年；子妇为姑（婆）亦齐衰三年。至清代，凡夫为妻，男子为庶母、为伯叔父母、为兄弟及在室姊妹，已嫁女为父母，孙男女为祖父母，均服齐衰一年，杖与否，各有规定；重孙男女为曾祖父母，服齐衰五月；玄孙男女为高祖父母，且齐衰三月。

（3）大功

大功，亦称"大红"。是次于"齐衰"的丧服。用粗熟麻布制成。服期为九个月。清代，凡为堂兄弟、未嫁堂姊妹、已嫁姑及姊妹，以及已嫁女为伯叔父、兄弟，均服"大功"。

（4）小功

小功，亦称"上红"。是次于"大功"的丧服。用稍粗熟麻布制成。服期五月。清代，凡为伯叔祖父母、常伯叔父母、未嫁祖姑及堂姑、已嫁堂姊妹、兄弟妻、再从兄弟、未嫁再从姊妹，又外亲为外祖父母、母舅、母姨等，均服小功。

（5）缌麻

缌麻，是次于"小功"的丧服。"五服"中最轻的一种。用较细熟麻布制成，做功也较"小功"为细。清代，凡男子为本宗之族曾祖父母、族祖父母、族父母、族兄弟，以及为外孙、外甥、婿、妻之父母、表兄、姨兄弟等，均服缌麻。服期三月，五服之外，同五世祖的亲属为袒免亲。同六世祖的亲属便是无服亲了。

五服除了指丧服饰制度外，还指古代天子、诸侯、卿、大夫、士五等服式；谓高祖父、曾祖父、祖父、父亲、自身五代。可以看出，"五服"是中国礼制的体现。

在地理上，大禹也规定了"五服"，《汉书·地理志》：

> 尧遭洪水，怀山襄陵，天下分绝，为十二州，使禹治之。水土既平，更制九州，列五服，任土作贡。[1]

意思是禹把天下分为"九州"，同时又分"五服"，那么"五服"是哪五服呢？

①《汉书·地理志》，北京：中华书局，1962年版，第1523页。

五百里甸服：百里赋纳总；二百里纳铚；三百里纳秸；四百里粟、五百里米。五百里侯服：百里采；二百里男邦；三百里诸侯。五百里绥服：三百里揆文教；二百里奋武卫。五百里要服：三百里夷；二百里蔡。五百里荒服：三百里蛮；二百里流。①

弼成五服，至于五千。孔安国传："五服，侯、甸、绥、要、荒服也。服，五百里。四方相距，为方五千里。"②

先王之制，邦内甸服，邦外侯服，侯卫宾服，夷蛮要服，戎狄荒服。日祭、月祀、时享、岁贡、终王，先王之训也。(《国语·周语》)

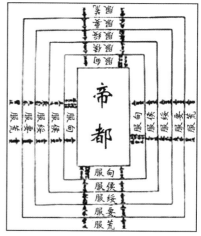

图7　地理五服

封内甸服，封外侯服，侯卫宾服，蛮夷要服，戎狄荒服。(《荀子·正论篇》)

可知，以王畿为中心，以五百里为一区划，由近及远分为甸服、侯服、绥服、要服、荒服，合称五服。这里的"服"为服侍天子之意。

甸服：王四周各五百里的区域，其中靠近王城的一百里以内的地区纳"总"，即带藁秸的谷物；靠近王城的二百里以内的地区纳"铚"，即穗；王城的三百里以内的地区纳"秸"，即去掉藁芒的禾穗；王城的四百里以内的地区纳"粟"，即带壳的谷子；王城的四百里以内的地区纳"米"，即无壳的米。

侯服：甸服以外方圆五百里的区域，其中靠近甸服的一百里是封王朝卿大夫的地方，其次向外的一百里是封男爵的领域。剩余三百里是封大国诸侯的领域。

绥服：侯服以外方圆五百里的区域，其中靠近侯服的三百里，要对人民施行文教。其余二百里则振兴武力以显示保卫力量。

要服：绥服以外方圆五百里的区域，其中靠近绥服的三百里是夷人们住的地方，其余二百里是流放罪人的地方。

---

①〔汉〕孔安国传，〔唐〕孔颖达正义，黄怀信整理：《尚书正义》，上海：上海古籍出版社，2007年版，第240页。

②〔汉〕孔安国传，〔唐〕孔颖达正义，黄怀信整理：《尚书正义》，上海：上海古籍出版社，2007年版，第174页。

荒服：要服以外方圆五百里的区域，其中靠近要服的三百里是蛮荒地带，其余二百里也是流放罪人的地方。

通过地理上的五服制度，可以深刻理解古人的"天下"观念，也可以将其看作是对王城和周边都城体制的规划，体现着中国传统的礼法。王城与各个都城之间的形制，从城墙的高度、城门的大小、封地的大小都可以看出区别。

《周礼·地官·司徒》给出各个都市建设的宗旨：

> 惟王建国，辨方正位，体过经野，设官分职，以为民极。①

西周的都市大约分四个等级：天子所居称为"王城"，诸侯所居称为"都城"，卿大夫所居称为"食邑""采邑"，子男所居称为"城"。城池体现地位的高下尊卑，若不按此礼法，则昭示着野心，如《左传·隐公元年》写共叔段的都城：

> 祭仲曰："都城过百雉，国之害也，先王之制：大都，不过参国之一；中，五之一；小，九之一。今京不度，非制也，君将不堪。"②

共叔段的都城"京"不按礼法修建，即"非制也"，大家看到共叔段不守礼法又得不到惩罚时，庄公的地位也就受到了威胁。我们也能看到"先王之制"，即先王的礼法规定：大的都市建制不能超过王城的三分之一，中等都市的建制不能超过王城的五分之一，小城市的建制不能超过王城的九分之一，规定甚为严格。

连通五服之内都市的道路，也有严格的规范，《周礼·地官·遂人》：

> 凡治野，夫间有遂，遂上有径；十夫有沟，沟上有畛；百夫有洫，洫上有涂；千夫有浍，浍上有道；万夫有川，川上有路，以达于畿。③

关于"沟洫"这个系统，彭林《以人法天的理想国纲领——〈周礼〉》（《文史知识》2002年第4期）有所解释：

农田以"夫"为基本单位，一夫受田百亩。夫田与夫田之间有称为"遂"的水渠，遂上有称为"径"的道路。每十夫之田之间，有称为"沟"的水渠，沟

---

①〔清〕孙诒让撰，王文锦、陈玉霞点校：《周礼正义》，北京：中华书局，1987年版，第641页。

②杨伯峻编著：《春秋左传注》，北京：中华书局，1981年版，第11页。

③〔清〕孙诒让撰，王文锦、陈玉霞点校：《周礼正义》，北京：中华书局，1987年版，第1132页。

上有称为"畛"的道路。每百夫之田之间,有称为"洫"的水渠,洫上有称为"涂"的道路。每千夫之田之间,有称为"浍"的水渠,浍上有称为"道"的道路。每万夫之田之间,有称为"川"的水渠,川上有称为"路"的道路。如此通达于王城。

上述沟洫、道路系统也有严格的丈尺规定。据郑玄的注:遂,宽、深各二尺;沟,宽、深各四尺;洫,宽、深各八尺;浍,宽二寻、深二仞。沟洫上的道路的宽度,径可以让牛马通过,畛可以让大车(车轨宽六尺)通过,涂可以让一辆乘车(车轨宽八尺)通过,道可以让两辆乘车通过,路可以让三辆乘车通过。规定可谓详细了。

西周的道路修建即按照这样的技术标准来执行,《周礼·冬官·匠人》:

> 经途九轨,环途七轨,野途五轨。①

即明确规定了道路的宽度标准:东、西两都的道路按九轨宽度修建,东、西两都的环城道路按七轨修建,王畿的乡郊路线按照五轨宽度修建。周代的"轨"就是左右车轮的宽度,为八周尺,九轨则是可以容纳九辆车并行。同样,《周礼·冬官·匠人》:

> 环途以为诸侯经途,野途以为都经途。②

则是说诸侯都城的城市道路为七轨(东西二都的环城路宽度),诸侯国都城的环城道路为五轨(王畿的乡郊路线宽度)。卿大夫的食邑则又次一等。都市与都市之间,就通过这种带有"乌托邦"式想象的道路而勾连起来了。

3.通九道

《史记·夏本纪》:"陆行乘车,水行乘船,泥行乘橇,山行乘樏。左准绳,右规矩,载四时,以开九州,通九道,陂九泽,度九山。"③

所谓"开九州"就是划分九处治水的区域,后来演变为行政区划区域,所谓"通九道"就是开辟九条交通线,为治水创造条件。

这九条交通路线,秦国强先生在《中国交通史话》(复旦大学出版社2012年版)述之如下:

---

① 〔清〕孙诒让撰,王文锦、陈玉霞点校:《周礼正义》,北京:中华书局,1987年版,第3425页。

② 〔清〕孙诒让撰,王文锦、陈玉霞点校:《周礼正义》,北京:中华书局,1987年版,第3426页。

③《史记·夏本纪》,北京:中华书局,1959年版,第51页。

一是"壶太通道"。壶太通道从壶口山东北向，翻越雷首山，直到太岳山。壶口位于山西临汾市吉县境内；雷首山就是中条山，位于山西临汾市蒲县境内；太岳山横跨山西晋中、长治、临汾三市，主峰霍山位于临汾市霍山县，是中国古代"九大名山"之一。据古籍，尧帝的首都是平阳，位于山西临汾市尧都区；舜帝的首都是蒲阪，位于山西运城市永济市蒲州镇。2007年考古发现"陶寺遗址"，证实平阳古城的存在，它被誉为"中国史前第一城"。可见壶太通道既是当时首善之区的交通干线，也是黄河上游治理工程的交通保障线，行程约200公里。

二是"汧荆通道"。汧荆通道从汧山东向，翻越岐山，直到荆山。汧山位于陕西宝鸡市千阳县境内，是千河的发源地；岐山位于宝鸡市岐山县境内，是后来周王朝的发祥地；荆山位于陕西渭南市富平县境内。可见汧荆通道是渭河治理工程的交通保障线，行程约400公里。

三是"砥王通道"。砥王通道从砥柱山向东，翻越析城山，直到王屋山。砥柱位于河南三门峡市陕县境内。析城山位于山西晋城市阳城县横河镇；王屋山位于河南济源市境内。可见砥王通道是黄河中游治理工程的交通保障线，形成约300公里。

四是"太碣通道"。太碣通道从太行山东向，翻越常山，直到碣石山。太行山位于山西、河北、河南、北京四市之间，主峰五台山位于山西忻州市五台县境内；常山位于河北石家庄市正定区内；碣石山有两处，一处位于山东滨海市无棣县境内，另一处位于河北秦皇岛市昌黎县境内。无论以山东碣石山或河北碣石山计算，太碣通道的行程均约700公里，是黄河下游及沇水治理工程的交通保障线。

五是"西太通道"。西太通道是从西倾山东向，翻越鸟鼠山、朱圉山，直到太华山。西倾山位于青海东南部，属昆仑山脉；鸟鼠山位于甘肃定西市渭源县境内；朱圉山位于甘肃天水市甘谷县境内，属秦岭山脉；太华山位于陕西渭南市华阴市境内。可见西太通道是弱水及漾水治理工程的交通保障线，行程约1400公里。

六是"熊负通道"。熊负通道从熊耳山西南向，翻越外方山、桐柏山，直到负尾山。熊耳山位于山东枣庄市境内；外方山就是河南郑州市登封市境内的嵩山；桐柏山位于河南南阳市桐柏县境内；负尾山就是湖北孝感市安陆市境内的横山。可见熊负通道是沇水、淮河，以及长江上游和中游治理工程的交通保障线，行程约1500公里。

七是"嶓荆通道"。嶓荆通道从嶓冢山东北向，直到荆山。嶓冢山位于陕西汉中市勉县境内,是汉水的发源地;荆山位于陕西渭南市富平县境内。可见嶓荆通道是黑水治理工程的交通保障线,行程约500公里。

八是"内大通道"。内大通道从内方山东向,直到大别山。内方山位于湖北荆门市钟祥市境内;大别山位于湖北、河南、安徽三省之间,主峰天堂寨位于湖北黄冈市罗田县境内。可见大内通道是长江上游及中游治理工程的交通保障线,行程约500公里。

九是"汶敷通道"。汶敷通道从汶山东向,翻越衡山,直到敷浅原山。汶山相传是大禹治水的起点,位于四川阿坝汶川县境内;横山位于湖南衡阳市境内;敷浅原山就势江西九江市的庐山。可见汶敷通道是黑水及长江上游和中游治理工程的交通保障线,行程约2500公里。[1]

禹对天下的道路有首开之功,后世都市之间的道路,即沿着大禹所开道路而四散开来。到商代晚期时,已经形成以殷邑为中心的道路交通网络。据马楚坚先生所述:商都殷邑(河南安阳市殷都区)设有6条交通干道:第1条是沿东南方向通往徐淮地区的交通干道,即甲骨文所谓"征人方"的道路;第2条是沿东北方向通往河北卢龙(秦皇岛市卢龙县)及辽宁的交通干道;第3条是东向通往山东蒲姑(滨州市博兴县滨湖镇)的交通干道;第4条是南向通往湖北、湖南、江西的交通干道;第5条是西向通往陕西、甘肃的交通干道;第6条是沿西北方向翻越太行山通往山西的交通要道。[2]道路交通已初具规模了。

---

①秦国强:《中国交通史话》,上海:复旦大学出版社,2012年版,第26-28页。
②马楚坚:《中国古代的邮驿》,上海:商务印书馆国际有限公司,1997年版,第7、8页。

青铜战车竞驰骋

商周的都市与交通

一、定都丰镐：商周的都市与交通

1.商代的王邑道路

"商邑翼翼，四方之极"（《诗经·商颂·殷武》），商代王邑的道路堪称宏大。1983年发现的河南偃师市城关镇尸乡沟商都遗址，是商代早期都城遗址，也就是古籍中所称的南亳，面积约1.9平方公里。目前已发现城内修建有11条大路，路面宽度一般为6米，最宽处达10米，道路与城门的方位相对应，构成棋盘式网络。其主干道宽敞平直，直贯城门；路基土层坚硬细密，土质纯净，厚度约半米左右；路面中间微微鼓出，两侧降低，目的显然是便于排放雨水。城门附近的路基之下铺设有木板盖顶的石壁排水沟，沟底全部用石板铺砌，内高外低，设有一定的排水坡度。城外沿城垣方向构筑有宽度约4.5米的环城道路。城内还建有与主干道相连接的斜坡"马道"，可以直接登上城垣。①

2.丰镐都城

古公亶父为了躲避戎狄（匈奴）的侵扰，将周朝的国都南迁到周原（陕西宝鸡市岐山县、扶风县境内）。《诗经·绵》："古公亶父，来朝走马。率西水浒，至于岐下。"意思是古公亶父率姬姓氏族二千乘，循漆水逾梁山来到岐山（箭括岭）下的周原。周原位于陕西关中平原的西部，它北倚巍峨的岐山，南临滚滚东流的渭河，西侧有汧河，东侧有漆水河。东西长约70公里，南北宽约20公里。岐山山脉绵亘东西，以西北诸峰为最高，山麓的平均海拔在900米左右。周原其地水源丰富、气候宜人、土肥地美，适于农耕与狩猎，

---

① 参见史怀素：《尸乡沟商城遗址》，载《中原文物》1988年第4期。中国社会科学院考古研究所河南第二工作队：《1983年秋季河南偃师商城发掘简报》，载《考古》1984年第10期。

岐山系天然屏障。经占卜后大吉，就决定在此定居。从此姬姓的部落自称为周人——生活在周原上的人。周族在古公亶父的领导下，疏沟整地、划分邑落、开发沃野、造房建屋，并营建城郭，设宗庙、立太社。构建中央机关，设官分职，官职庶务，改变了过去游牧民族的习俗，发展农业，使周逐步强盛起来。豳和其他地方的自由民，视古公为仁人，扶老携幼纷纷来归附。因地处周原，初具国家雏形。定国号为"周"。《诗经·鲁颂·閟宫》："后稷之孙，实维大王。居岐之阳，实始翦商。"便是对古公亶父迁都周原的赞颂。

文王在位时，在沣水西岸营建丰邑，把政治中心迁于丰（今西安市西南）。《史记·周本纪》："（西伯）伐崇侯虎，而作丰邑，自岐下而徙都丰。"裴骃集解引徐广曰："丰在京兆鄠县东，有灵台。"《诗经·大雅·文王有声》："既伐于崇，作邑于丰。"可知丰邑位于沣河中游西岸，东界沣河，西界灵沼河，北至郿鄠岭岗地北缘。

武王姬发即位后又扩建镐邑，形成西周的首都丰镐。镐京位于沣河东岸，商周时期的西北界临沣水，东界古潏水，南近滈河，是一处四面环水，相对密闭的地区。根据考古调查，汉昆明池以北的斗门镇、花园村、上泉村、下泉村、普渡村、洛水村、白家庄等地西周遗迹很丰富，总面积约5平方公里，可能是镐京的中心区域。花楼子村与洛水村之间，在北临沣河的高阳原较低的阶地上曾发现10处西周夯土建筑。在洛水村西和普渡村北还发现有制陶作坊遗址和大型夯土基址，斗门镇则发现西周窖穴、灰坑和大批窖藏青铜器。另在花园村北至普渡村东高地上，在约5万平方米的范围内探出数百座西周墓葬和车马坑，长由盉、禽鼎、方鼎、簋、伯姜鼎均出土于此。

据《周礼·考工记》记载："匠人营国，方九里，旁三门。国中九经九纬，经途九轨，左祖右社，面朝后市。"[①]意思是丰镐是一座九里见方的都城，四面每面各开三个城门，城中开辟有九条东西大道和九条南北大道，道路的宽度都达到九轨的标准。王宫的东面（左侧）设有祖庙，王宫的西面（右侧）设有社稷，王宫的南面设有朝堂，王宫的北面设有市场。

考古发现丰镐两京已发现夯土建筑基址近30处，往往数座建筑连成群体。这些建筑均有较深的夯土基槽。夯土墓葬坑台基、屋顶施瓦、墙面涂白灰，有完善的排水设施。建筑群体的周围发现有西周时期道路、小面积池沼、用陶管铺设的排水设施，周围有大量周瓦残片。确可印证当日交通之发达。

3.洛邑城

武王伐纣取得成功之后，于公元前1046年建立周王朝。两年之后，武

---

① 〔清〕孙诒让撰，王文锦、陈玉霞点校：《周礼正义》，北京：中华书局，1987年版，第3423页。

王疾殁,成王(武王之子)继位。接着,周公奉旨东征平叛,决定在洛河与黄河的汇合之处营建一座新城,历史上称之为"洛邑",这也是洛阳的由来。

当时洛邑的规模,据《逸周书》记载:"乃作大邑成周于土中(国土中部),城方千七百二十丈,郛(外城)方七十里,南系于洛水,北因于郏山(即邙山,洛阳城北),以为天下之大凑(都会)。"足见其宏大。

这新建的都城称为王城,一种观点认为王城与成周是一个,王城又称为成周。通过多年的考古工作,虽然没有找到西周时期成周或王城的城垣基址,但是在洛阳市东部的瀍水两岸发现了一处面积约6平方公里的西周遗址。在瀍水西岸发现有残存的夯土台基,附近有可能是宫廷专用的鱼窖群,旁边有属于西周早期的南北走向的大道。夯土基址往北,北窑村西的瀍水西岸有一处大型的铸铜作坊遗址。整个作坊的年代主要属于西周早期,延续使用到西周中期。[①]

在瀍水西岸的北窑村发现了很大的西周墓地,虽然经历了严重的破坏,但仍然发现有471座墓葬和7座马坑。此外,近些年洛阳市在修建河洛广场时发现的车马坑中,更有属于天子级别的6匹马驾的车子。这些遗址在瀍水以西,与东周王城接近。[②]

然而,王城与成周究竟是一个还是两个,历来有不同说法。《汉书·地理志上》河南郡雒阳与河南县条有班固的自注曰:"雒阳,周公迁殷民,是为成周……居敬王……河南,故郏鄏地,周武王迁九鼎,周公致太平,营以为都,是为王城,至平王居之。"郑玄《诗·王城谱》说:"周公摄政五年,成王在丰,欲宅洛邑. 使召公先相宅。既成,谓之王城,是谓东都,今河南是也。召公既相宅,周公往营成周,今洛阳是也。"

这就是说,另一种说法认为王城和成周是两个城而不是一个。东周的王城就是西周始建的王城。1984年考古人员在探测汉魏洛阳古城时,在其中部发现了一座西周城。该城在瀍水以东约10公里,大致呈横长方形,东西约2.6公里,南北近2.0公里,到春秋时期有所扩建。为班固和郑玄的说法提供的一定的证据。[③]

到了东周,平王东迁,居于王城。这座王城位于涧水与洛水的交汇处,

青铜战车竞驰骋

商周的都市与交通

---

① 参见袁行霈、严文明、张传玺、楼宇烈主编:《中华文明史》(第一卷),北京:北京大学出版社,2006年版,第264页。

② 参见袁行霈、严文明、张传玺、楼宇烈主编:《中华文明史》(第一卷),北京:北京大学出版社,2006年版,第265页。

③ 参见袁行霈、严文明、张传玺、楼宇烈主编:《中华文明史》(第一卷),北京:北京大学出版社,2006年版,第265页。

在涧水东、瀍水西。北墙保存较好,通长28900米,外有城壕,其余三边均只有部分墙基。城内中部偏南有大片夯土遗迹,并且有大量板瓦、筒瓦和瓦当,可能是王宫、宗庙所在。西北有陶器作坊和制骨作坊遗址,附近还有陶质排水管道。①

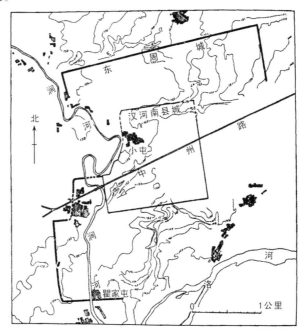

图8　洛阳东周王城遗址布局图

二、严明法规:商周时期的交通管理

周朝时,各负责管理道路的职官职责便已确定,而且分工明确。

周代负责道路交通管理的官职被称为"司险",《周礼·夏官·司险》:

> 掌九州之图,以周知其山林、川泽之阻,而达其道路。设国之五沟五途,而树之林以为阻固,皆有守禁而达其道路。国有故,则藩塞阻路而止行者,以其属守之,唯有节者达之。②

司险的职责是:掌握全国的地图,处理山川林泽的交通障碍,保证道路畅通;负责修建五种不同规格的道路;负责植树造林,保证沟渠和路基的稳

---

① 参见袁行霈、严文明、张传玺、楼宇烈主编:《中华文明史》(第一卷),北京:北京大学出版社,2006年版,第265页。

② 〔清〕孙诒让撰,王文锦、陈玉霞点校:《周礼正义》,北京:中华书局,1987年版,第2408页。

固,国家有事的时候,配合国家实行交通管制,只让持证件的人通行。

负责道路运输管理的职官被称为"合方氏",《周礼·夏官·合方氏》:

> 掌达天下之道路,通其财利,同其数器,壹其度量,除其怨恶,同其好善。[1]

"合方氏"负责天下的道路交通设施,保证道路畅通,使物资能够流通顺畅,负责管理全国量度标准,消除各地的矛盾,使各个地方能够友好往来。

负责道路秩序的职官被称为"野庐氏",《周礼·秋官·野庐氏》:

> 掌达国道路,至于四畿。比国郊及野之道路、宿息、井、树。若有宾客,则令守途地之人聚析之,有相翔者则,诛之。凡道路之舟车辇互者,叙而行之。凡有节者及有爵者至,则为之辟。禁野之横行逾径者。凡国之大事,比修除道路者。掌凡道禁。邦之有大师,则令扫道路,且以畿禁行作不时者、不物者。[2]

"野庐氏"的职责是:负责管理京畿地区的大道,保证道路畅通;检查沿途的宾馆、水井、树木。如果有宾客来临,负责调集人员职守,发现可疑者则有权诛杀;出现车辆互相碰撞的交通事故时,及时处理。遇到有公务及封爵者,应该为他们领路;禁止行人横穿道路;凡是国家有重要大事,则组织人员修整道路,在王城周边警戒、稽查形迹可疑之人。

关于道路通行等制度,西周也有规定。西周在险要的交通要道上设置关卡,据《周礼·地官·司关》:

> 掌国货之节,以联门市。司货贿之出入者,掌其治禁与其征廛。凡货不出于关者,举其货,罚其人。凡所达货贿者,则以节传出之。国凶礼,则无关门之征,犹几。凡四方之宾客叩关,则为之告。有外内之送令,则以节传出内之。[3]

"司关"的职责:检查出入关卡人的证件,与司门、司市互相沟通,协查携带非法货物出入的人,并征收货物的关税;凡是违法者,货物一律没收,并处

———————

①〔清〕孙诒让撰,王文锦、陈玉霞点校:《周礼正义》,北京:中华书局,1987年版,第2697页。

②〔清〕孙诒让撰,王文锦、陈玉霞点校:《周礼正义》,北京:中华书局,1987年版,第2894页。

③〔清〕孙诒让撰,王文锦、陈玉霞点校:《周礼正义》,北京:中华书局,1987年版,第1105页。

罚金;符合通行者,可以凭证件出入,如果遇到国家的"凶礼",则免除关税。如果有四方诸侯来朝贺,则须及时报告;凡持公文出入的人,保证他顺利通行。同时也有规定,见《周礼·地官·比长》:

> 徙于国中及郊,则从而授之。若徙于他,则为之旌节而行之。若无授无节,则唯圜土内之。①

意思是,凡是迁徙到王城或王城郊外的,就必须持有比长(管辖五万户)出具的迁徙证明,如果迁徙到乡外或更远的地方,就必须办理通行证,如果发现没有证明,又没有通行证,则会投入监牢进行审讯。

周代还有类似当今的护照制度,《周礼·地官·掌节》:

> 守邦国者用玉节,守都鄙者用角节。凡邦国之使节,山国用虎节,土国用人节,泽国用龙节,皆金也,以英荡辅之。门关用符节,货贿用玺节,道路用旌节,皆有期以反节。凡通达于天下者,必有节。以传辅之。无节者,有几则不达。②

守护邦国的诸侯可以使用"玉节",守护都城和边境的大夫可以使用"角节"。凡是诸侯使臣出境,到山区国家使用"虎节",到平原国家使用"人节",到水乡国家使用"龙节"。这三种节都是用青铜铸造,并且配合有文字的令牌才能生效。因公事出关者使用"符节",贩运货物出关者使用"玺节",一般民间通关者使用"旌节",并配合有文字说明的"传"才能生效。没有"节"的通行者,一律不准通行。

在交通礼仪上,《礼记·王制》有所规定:

> 男子由右,妇人由左,车从中央。父之齿随行,兄之齿雁行,朋友不相逾。轻任并,重任分,斑白不提挈。

对交通礼仪的规定是:男人靠路的右侧走,女子靠路的左侧走,车辆走路的中间。遇到与父亲同辈的人,要走在他的后面;遇到与哥哥同辈的人,要走在他侧后方;遇到自己的朋友,也不能超越他。负担较轻的人可合并行李帮助负担重的人,遇到老人携带行李,则不能让他提着。这体现着上古朴素的礼法。

最后,西周时期的驿路已是四通八达,据《周礼·地官·遗人》:

---

① 〔清〕孙诒让撰,王文锦、陈玉霞点校:《周礼正义》,北京:中华书局,1987年版,第888页。

② 〔清〕孙诒让撰,王文锦、陈玉霞点校:《周礼正义》,北京:中华书局,1987年版,第1112页。

凡国野之道,十里有庐,庐有饮食;三十里有宿,宿有路室;五十里
有市,市有侯馆,侯馆有积。[①]

　　凡是城乡的交通干线,每隔十里就设置"庐",庐为小的休息点,供应饮
食;每隔三十里就设置"路室",路室是小的旅馆,提供食宿;每隔五十里就设
有市场和"侯馆",侯馆是较大的宾馆,提供较好的食宿条件。

三、"四牡骙骙,八鸾喈喈"

　　中国是世界上最早发明和使用车的国家之一,相传中国人大约在4600
年前黄帝时代已经创造了车。大约4000年前,当时的薛部落以造车闻名于
世。《左传》说薛部落的奚仲担任夏朝(前21世纪—前17世纪)的"车正"官
职。《墨子》《荀子》和《吕氏春秋》都记述了奚仲造车。车的问世,标志着古代
交通工具的发展进入了一个新的里程。

　　在甲骨文、青铜器铭文中,"车"字如下图所示,都是车的象形字。

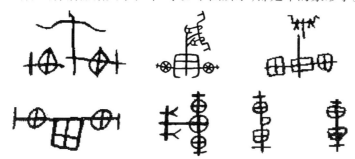

图9　"车"字的甲骨文

　　我国古代造车技术至商代已相当成熟,商代的车子都是独辀(辕),辐条
多为18根,车厢平面为长方形,面积较小,通常可立乘2或3人。衡多为长1
米左右的直木棒,衡的两侧各缚一人字形轭,用以架马。

图10　商代的车

　　①〔清〕孙诒让撰,王文锦、陈玉霞点校:《周礼正义》,北京:中华书局,1987年版,第
990页。

从形制上看,周代的车与商车基本相同,但在结构上却有所改进,如直辕变曲辀,直衡改曲衡,辐数增多,舆上安装车盖。在车马的配件上也更加完备,增加了许多商车上所没有的零部件。为求坚固,在许多关键部位都采用了青铜构件,如变木辖为铜辖,轭上包铜饰,并有一套用铜、铅、金、银、骨、贝和兽皮条等材料制成的饰件和鞁具,制作精美,名目繁多。驾车的马也由商车的两匹增加到三匹、四匹、甚至六匹。两匹马的叫"骈",三匹马的称"骖",四匹马的名"驷"。《诗经·大雅·烝民》:"四牡骙骙,八鸾喈喈。"四牡,即四匹公马,其中驾辕的二马叫服马,两旁拉车的马叫骖马。车驾六马为"六騑"。周车以驾四马为常,因此,周人多以"驷"为单位计数马匹,又因先秦时经常车马连言,说到车即包括马,说到马也意味着有车,所以,"驷"也是计数车辆的单位。《论语·季氏》:"齐景公有马千驷。"就是说齐景公有一千辆车和四千匹马。四马加一车称为"一乘",说到有多少乘,也就意味着有多少组与之相应的马。"元戎十乘"(《诗经·小雅·六月》)即指战车十辆,马四十匹。

　　西周至春秋战国时期可以说是我国古代独辀车发展的鼎盛时期,流行了上下近千年。这一时期的车,在构造和装饰方面远比商代车坚固、豪华,可以说已达到完美阶段。

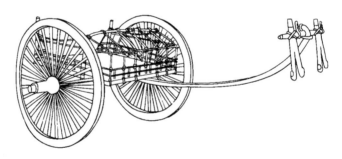

图11　西周时期的车

车的主要部件有:

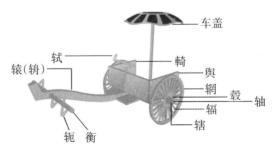

图12　车的主要部件

辀:连接舆和牲畜的木杠,为一根稍曲的圆木。《左传·隐公十一年》:"公孙阏与颍考叔争车,颍考叔挟辀以走。"即指这种高而曲的车辀。辀和辕是同义词,其区别是单根称辀,双根叫辕。

图13 车的主要部件——辀

衡:辀前端一根用以缚轭驾马的横木。衡的正中部位装有"U"字形或桥形钮,缚衡的革带,穿过钮将衡系结于辀颈之上。衡的两侧还装有四个"U"字形铜环,用来穿马缰绳。

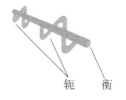

图14 车的主要部件——衡、轭

轭:驾车时搁在牛马颈上的曲木。外表全部或局部包铜饰,轭首系在衡左右两侧,轭脚鞦架于服马颈上。骖马的轭不缚在衡上,而是直接架在马颈上。

舆:车厢,是乘人的部分。周车的舆较之商车的舆要大,一般能容乘三人。车厢平面皆为横置长方形,即左右宽广,进深较浅,车厢四周围立栏杆,名车軨。构成车軨的横木叫轵,竖木名□。车厢后部的軨留有缺口,即登车处。车身上拴有一根革绳,供乘者上车时手拉,名绥。车厢左右的軨因可凭倚,故又称輢。在立乘时,为了避免车颠人倾,在两边的輢上各安一横把手,名较,形如曲钩。

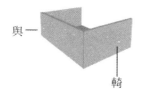

图15 车的主要部件——舆

轼:车厢前端置一扶手横木,方便人手扶,叫轼。这种横木,有的车三面皆有,形如半框。行车途中对人表示敬意即可扶轼俯首,这种致敬动作也叫作"式"。"孔子过泰山侧,有妇人哭于墓者而哀,夫子式而听之。"(《礼记·檀弓下》)则是"式礼"。车厢底部的四周木框叫軫,軫间的木梁称桄,桄上铺垫木板,构成舆底,名阴板。阴板上再铺一块席子,名车茵。早期茵席为莩草编织,晚期则用锦类丝织物编织而成,豪华的车则以兽皮铺垫。

图16 车的主要部件——轼

盖:立于车舆上,避雨遮阳,并且能体现出一定地位。因其外形似雨伞,因此又称伞盖。

图17 车的主要部件——盖

轴：用以安轮的圆木杠。《说文·车部》："轴，持轮也。"横置在舆下，固定方法是在舆两侧的軨与轴交接部位，各安一块方垫木，名轐或輹，因为其形状像伏着的兔子，所以又叫伏兔。用革带缚结，以防舆、轴脱离。轴外为车毂。车轮贯在轴端上。

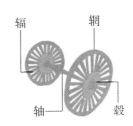

图18　车的主要部件——轴、轮

轮：多用坚木制成，由毂、辐、辋等部件组成。毂是车轮中心有孔的圆木，中心孔名壶中，用以置轴。为了美观，毂上刻画有各种纹饰，称篆。车轮的外圆框，是用两条直木经火烤后揉为弧形拼接而成。毂、辋、辐是车轮的基本部件，而车的质量好坏就在车轮，所以对它们的质量要求很高。相传古人制毂用杂榆木，制辋用枋，制辐用檀木。

在远古时期，原始的车是由人推挽的，后来改用畜力牵引。同其他车相比，马车具有更为快速、灵活的特点，在畜力车中占有重要地位，驾驭马车，就变成了一门重要的学问。

战国以前，车马并举，没有无马的车，也没有无车的马。所以一些称呼既可指马，又可指车。驾二马的车或者驾车的二马称为"骈"。

图19　骈

驾三马的车或者驾车的三马称为"骖"，中间的马叫"服"，两旁的叫"骖"。

图20　骖

驾四马的车或者驾车的四马叫"驷"。中间的马叫"服",两旁的叫"骖"。

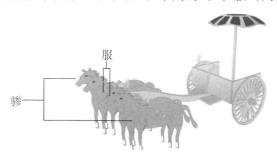

图21　驷

在春秋时期,孔子的教学体系中就有"御"这一科。车行进时,驾驶马车的车工把马缰绳汇总握在手中。《诗经》中就有"执辔如组"的诗句,"如组"就是把八根缰绳握在两手中,就像一组绳似的。这样,用力才能均匀,"两骖"跑起来才能"如舞",极为协调。赶马的鞭子也有两类,竹条制成的鞭子叫策,皮条

图22　中国古代的战车

制成的叫鞭。今天我们常说"鞭策"一词,就是由抽打马的意义引申而来的。

在我国古代,人们十分重视驾驭术的提高,古书中也有不少关于驾车高手的记载。如《左传》记述战争情况时,总要交代双方主将的御手。古代统治者甚至还因此悟出许多对人民的统治术。"故御马有法矣,御民有道矣。法得则马和而欢,道得则民安而集。"(《韩诗外传》卷二)

驾车有礼数,乘车也同样有礼数。在古代车已经成为等级制度的一个部分,该乘车而不乘的被视为礼制和社会舆论所不允许。古人乘车的方式一般是崇尚左侧。一车三人,尊者在左,骖乘(即陪乘者)居右,御者居中。兵车则不同,如是将帅之车,则主帅居中,便于指挥,御者在左,护卫居右;如是一般兵车,则是御者居中,左边甲士一人持弓,右边甲士一人持矛,相互配合,协同作战。

秦始皇统一中国后,实行"车同轨",对车辆制造的技术和工艺提出了更高的要求。我们可以在秦朝留下的兵马俑中,看到当时的战车、辇车等实物,看到与真人真物几乎等高的人物与马匹形象。从1974年开始发掘的秦始皇陵兵马俑坑中,已出土武士俑800多个,木质战车18辆,陶马100多匹,

图23　秦始皇陵出土的铜车马

青铜兵器、车马器共计9000余件。如按兵马排列形式复原,三个坑的武士俑可能有7000个,驷马战车100多辆,战马1000多匹。兵马俑庞大的阵容,形象地展现出秦军的兵种编列和武器车辆等情况。1980年出土了两辆大型彩绘铜车马,其大小为真车真马的1/2。一号车为立车,即立乘之前导车。长为2.25米,高为1.52米。单辕双轭,套驾四马,即两骖两服。车舆呈长方形,车上置一圆形铜伞,伞下立一御马官俑,双手执辔。舆内有铜方壶、弓、弩、镞、盾等。四匹铜马均饰金银络头。鞍具上有编号文字29处,共49字,均小篆体。二号车为安车,即坐乘之轿形车。车身全长为3.28米,高1.04米。车厢分前后两室,前室为驾驶室,内有一跽坐的御马官俑,腰际佩剑,执辔前视。后室为乘主座席。车厢上有椭圆形车盖。车亦单辕双轮,前驾四匹铜马。

独辀车在经历了几千年的始创、完善、极盛几个发展阶段之后,在秦、西汉初期便逐渐衰落下来,随着双辕车的崛起,独辀车终于为岁月所湮灭。

四、轩辕氏"变乘桴以造舟楫"

在原始人群活动的地方只要有河、川、湖、海等水域,只要人类需要捞取水上动植物为食,人们都能够各自创造出借以在水面活动的工具。

中国的地理环境亦有利于水上工具的使用与发展。远古时期的自然条件远比后世优越。在中国的广袤大地上气候湿润,森林密布,河湖罗布,水域辽阔。虽然后世的气候条件发生了变化,多种原因使优良的环境受到不同程度的破坏,特别是北方地区相对干旱,但就全国而言,我国河川纵横,其中流域面积超过100平方公里的多达5万条,流域面积超过1500方公里的也有150条之多。全境湖泊众多,星罗棋布,仅面积在1平方公里以上者就多达2800个。此外,我国东临太平洋,渤、黄、东、南四海自北而南依次排列,海岸线长达18000公里。辽阔的河、川、湖、海水面正是水上工具大好的用武之地。

中国古代文献对水上工具的产生有多种不同的记载。《周易·系辞下》曰:"黄帝、尧、舜垂衣裳而天下治,盖取诸乾坤。刳木为舟,剡木为楫,舟楫之利以济不通,致远以利天下。"[1]类似的记载还有:轩辕氏"变乘桴以造舟楫","共鼓、货狄作舟""巧垂作舟""伯益作舟""虞姁作舟""番禺作舟""化狐见鱼尾划水而游,乃剡木为楫以行舟"。当时毫无疑问已经使用了水上工具,但并非某一个人所创造。远在以他们为代表的不同阶段已分别制造和使用了不同质地、不同形状的水上工具。

水上工具产生于原始社会的渔猎时期。当时,捕鱼和狩猎是原始人群的主要生活来源。捕捞鱼类和其他水生动植物,必然要接触河川湖泊,甚至要征服水面。生活的需要促使人们去寻求有利于水上活动的工具。

水上工具的产生也遵循着师法自然这条规律。《淮南子·说山训》曰:"窾木浮而知为舟"。《世本》也说:"古者观落叶因以为舟。"两书所记都说明了自然现象对人类创造发明的启示作用。在河川湖泊等水面上,漂浮游移着无数的残木、败叶。开始,人们对之司空见惯,不以为意。但当人类萌发了寻找水上工具的愿望之后,再见到这些自然现象就从中受到了启发,于是制出和使用了漂浮器、筏子和独木舟。

在水上工具中,浮具是最先出现的,其次是筏子,然后是独木舟。中国的独木舟人约产生于原始社会旧石器时代末期,距今约一万余年。中国水

青铜战车竞驰骋 商周的都市与交通

①〔清〕李道平撰,潘雨廷点校:《周易集解纂疏》,北京:中华书局,1994年版,第628页。

上工具的出现和发展也是多元的。长江以南地域毋庸多说，自远古至今就潮湿多雨，水面广阔。就以长江以北地区而言，远古时的气候也比后来温暖、湿润得多。由秦岭至燕山一带的山岭和高原上，都是茂密繁盛的森林，从山麓的丘陵地带以至南面的大平原上，布满了纵横交错的大小河流与成片的沼泽，在河流与湖泊间则形成灌木与芦苇丛生的茫茫原野。繁衍生息在江南、江北的原始人群经常接触水面，都能见到空木、败叶在水面漂流的自然现象。他们为了捕捞食物，为了种族的生存，都有可能因地制宜地制造出水上工具。目前在我国东北、大西北、沿海地带、江南水网地区各自发现了属于原始社会时期的船型陶器、岩画船图和木桨，独木舟实物，就是有说服力的证明。

1.浮具

人类水上工具有三大类：其中筏子和舟船各属一类，筏子、舟船以外的各种可在水面上活动的漂浮器物归为另一类，称为浮具。浮具的出现早于筏子和独木舟，所以它是原始人群最先使用的水上工具。

在可作为浮具的物体中，最容易找到的是倒伏的树段、脱落的树枝和多处可见的竹竿与芦苇了。人们捞取一段漂流的树干，伏在上面，就可进行简单的水上活动。汉字中的"槎"字原意为连干带枝的树段，如树杈。古文献把槎作为舟船的同义词，多次出现"浮槎""乘槎浮于海"等字句。由于年代久远，古人不明了原始人群曾以天然树杈做浮具使用，于是将"槎"神化，视为神仙所造，圣贤隐士之流所乘，又称之为"仙槎"。这种认识长期流传。

树段、竹竿、芦苇等有的浮力小，需成束使用，有的本身吸收水分，不免降低了浮力。人们进一步寻求浮力大、防水性强的材料来做浮具。燧人氏时代"以匏济水"。匏即葫芦，又称为瓠、壶等。葫芦家族具有自身体轻、不吸水、浮力大的优点被人类选用做浮具有其必然性。中国古代有种大型葫芦。"惠子谓庄子曰：'魏王贻我大瓠之种，我树之成，而实五石。'"这样一个大葫芦就可乘载一人。即使小些的葫芦，如将数个连用，也能够安全渡人。一般来说，是将三四个葫芦串接起来缚在腰间，入水后人半沉半浮，用手脚划水前进。这种葫芦浮具还有一个雅号，叫作腰舟。

用葫芦做浮具沿用了很长时间。《周易·泰》曰："包荒，用冯河，不遐遗。"[1]疏注解释为："用冯河者，无舟渡水，冯凌于河。"[2]意思是：因无舟可

---

① 〔清〕李道平撰，潘雨廷点校：《周易集解纂疏》，中华书局1994年版，第167页。
② 同上。

乘,就用浮具渡河。其他文献也有以匏做浮具的记载,《诗经》云:"匏有苦叶,济有深涉。"认为葫芦的味道虽然苦涩,不便食用,但能作为浮具渡水。又如《庄子》记曰:"今子有五石之瓠,何不虑以为大樽,而浮乎江湖!"同书注云:"樽如酒器,缚之于身,浮于江湖,可以自渡。虑,犹结缀也。案,所谓腰舟。"

2.筏子

筏子脱胎于浮具,是浮具发展的必然结果。古文献记载"燧人氏以匏济水",而后"伏羲氏始乘桴",正说明了从浮具到筏子一前一后的阶段性。

浮具有明显的缺点。人们寻求比浮具更好的水上工具,他们试验着把单体浮具组成为复合浮具,把若干根树干或竹子并排地捆扎起来,于是出现了筏子。

图24 筏子

"筏",是这类新型水上工具的通称。古代因其大小、地区、质地之差别而有泭、筏、簰等不同称谓:"木曰簰,竹曰筏,小筏曰泭。"

制造筏子的材料多选用树干、竹竿、芦苇等物体,将它们横向排列,然后用野藤、皮条拴扎起来。在北方地区,主要是木筏。孔子郁郁不得志时,曾感慨地说:"道不行,乘桴浮于海。"

上述事例均发生在春秋战国时期,距筏子的诞生时代已相差甚远。当时已广泛使用了木板船,为何还继续使用筏子?与舟船相比,筏类水上工具虽有其短也有其长。筏子的材料来源广泛而易得,结构简单,技术要求不高,其大小因人之需要而定所以制作起来比较方便,也比较省时。正是这些优势使它在舟船出现后能继续受到人们的青睐,并在选材加工、捆扎用料、编排方法、行驶技术等方面随之步步改进。

羊皮筏,是古代沿袭至今的摆渡工具。古代劳动人民"缝革为囊",充入空气,泗渡用。唐代以前,这种工具被称为"革囊",到了宋代,皮囊是宰杀牛、羊后掏空内脏的完整皮张,不再是缝合而成,故改名为"浑脱"。浑做"全"解,脱即剥皮。人们最初是用单个的革囊或浑脱泗渡,后来为了安全和增大载重量,将若干个浑脱相拼,上架木排,再绑以小绳,成为一个整体,即现在的"皮筏"。

现在制作羊皮筏子,需要很高的宰剥技巧,从羊颈部开口,慢慢地将整张皮囫囵个儿褪下来,不能划破一点皮。将羊皮脱毛后,吹气使皮胎膨胀,再灌入少量清油、食盐和水,然后把皮胎的头尾和四肢扎紧,经过晾晒的皮胎颜色黄褐透明,看上去像个鼓鼓的圆筒。民间有"杀它一只羊,剥它一张皮,吹它一口气,晒它一个月,抹它一身油"即可的说法。用麻绳将坚硬的水曲柳木条捆一个方形的木框子,再横向绑上数根木条,把一只只皮胎顺次扎在木条下面,皮筏子就制成了。羊皮筏子体积小而轻,吃水浅,十分适宜在黄河中航行,而且所有的部件都能拆开之后携带,十分方便。

羊皮筏子是黄河上游的主要运输工具。《水经注·叶榆水篇》载:"汉建武二十三年(47年),王遣兵乘船(即皮筏)南下水。"《旧唐书·东女国传》:"以牛皮为船以渡。"《宋史·王延德传》:"以羊皮为囊,吹气实之浮于水。"兰州羊皮筏子,清康熙十四年(1675年)二月,据守兰州的陕西提督王辅臣叛乱,西宁总兵官王进宝奉命讨伐时,曾在张家河湾拆民房,以木料结革囊夜渡黄河,大破新城和皋兰龙尾山;六月,王辅臣兵也造筏百余,企图渡河以逃,王进宝率军沿河邀击,迫使王辅臣兵投降。可见,至少在300多年以前,兰州就大量使用皮筏以渡河了。

兰州羊皮筏子分大、小两种。最大的皮筏用600多个羊皮袋扎成,长12米,宽7米,6把桨,载重量在20至30吨之间。这种皮筏一般用于长途水运,从兰州至包头,每天顺流行进200多公里,12天可抵达包头。小皮筏系用10多个羊皮袋扎成,适于短途运输,主要用于由郊区往市区送运瓜果蔬菜,渡送两岸行人等。

图25　黄河上的羊皮筏子(一)

现在,羊皮筏子已经成为黄河边特色的旅游项目,黄河边供游客乘坐的羊皮筏子都是用13只皮胎采取前后4只、中间5只的排列方式绑扎成的小筏子,重20多斤,能坐6个人。

图26　黄河上的羊皮筏子(二)

3.独木舟

第一代独木舟是天然腐朽成凹槽的树段。这种树段有一定的排水体积,其浮力自然大于竹竿、芦苇及完整的树枝树干。原始人群开始可能只是把槽状朽木当作一般浮具使用,但久而久之在无数次使用过程中,也许偶尔将抱持浮水改为坐在凹槽里,从而将双手解脱出来,同时也发现了它比一般浮具有更大的承载力。这一发现激发了人类智慧,从偶然的动作变成有意识的试验,从利用自然形成的槽状朽木改进为模仿其形状由人工挖槽。独木舟正是这样一步步变化而来。

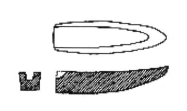

图27　原始的独木舟

利用浮具在水上活动,人类必须手足兼施以四肢划水。使用筏类工具,因其面积与自重都比较大,单纯以手足划水已不能将其驱动。于是改用长条木杆或竹竿撑行,或用绳索牵拉,甚至用短树枝划水。独木舟出现后,专用的划水工具被普遍采用,这就是桨。最初的桨可能只是一根木棍或一段连枝带叶的小树杈,其推进力当然不大。之后在反复使用中不断改进,才形成了真正的桨。

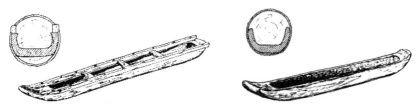

图28　独木舟及其剖面

4.木板船

独木舟在其自身发展中孕育了木板船,在夏、商时期便脱胎而出。早期的木板船应是比较简单的,而且存留着一些独木舟的痕迹。早期的木板船整体上仍然学习独木舟,船体由整段木料挖成,船内贴近左右舷各有一木板加固,这便是简易的木板船了。较复杂的木板船的底板是由三块木板前后相搭衔接而成,船舷则是两根长长的半圆木,这样又增加了木板船的体积。

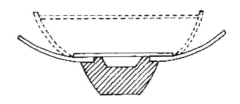

图29　木板船及其剖面

至春秋战国时期,中国人开始掌握了冶铁技术和使用铁制工具,造船技术和造船能力提高得特别快。人们为了交通甚至是战争的需要,继续发展造船技术,重要的就是为木板船增加了动力。

小船只需用篙撑之而行。在大船中更常见的动力工具是桨,亦称为楫。桨有长短两种,长者桨柄隐于舱内仅将桨片投入水中,便于保护划桨手。大翼船上配置划桨手五十人,若人手一桨,则有五十桨;若二人合力或轮换操桨,船上至少也有二十五桨,气势磅礴。

5.舫船

战国时期有舫船,也就是两船并连在一起的双体船,不仅能提高稳定性,更便于装货载人。

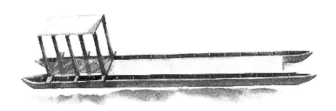

图30　舫船

6.战船

船最初只用来运送部队和物资,至春秋末期出现了专事战斗的船只。春秋时期吴国、楚国、齐国、越国之间经常进行水战,这样就出现了战船和舟师。舟师,是中国最早的水军。随着南方诸国建立水军,战船才步入历史。兵非杂不利,先秦战船也有大、中、小的区别,虽然各国船型名目有所差异,但总体来说大者用于正攻和指挥、中者用于游击、小者用于侦察。战船中以"大翼"最巨。

王冠倬编著的《中国古船图谱》中为我们介绍了几个例子。

伍子胥为吴国国王阖闾委任训练水军时建议建立一支像陆军一样军纪严明、战斗力强的水军:"船名大翼、小翼、突冒、楼船、桥船。令船军之教比陵(陆)军之法,乃可用之。大翼者,当陵军之重车。小翼者,当陵军之轻车。突冒者,当陵军之冲车。楼船者,当陵军之行楼车也。桥船者,当陵军之轻足骠定骑也。"

战船的规格皆以陆军的战车相比附,大翼船像陆军中的重车,小翼船像陆军中的轻车,突冒船像陆军中的冲车,楼船像陆军中的行楼车(类似于高架的岗哨),桥船相当于一种担当巡游的小船。

其中大翼船"广一丈五尺二寸,长十丈。容战士二十六人、棹五十人、舳舻三人、操长钩矛斧者四人、吏仆射长各一人,凡九十一人。当用长钩、矛、长斧各四,弩三十二、矢三千三百、兜鍪各三十二"。折算约长20米,宽3米。船载91人,操桨手多达50人(棹五十人),而且又有3人专司航行方向(舳舻三人)。从操作的复杂程度可想见其壮观规模。

中翼船"长九丈六尺,宽一丈三尺五寸,载员八十六名"。小翼船"长九丈,宽一丈二尺,载员八十"。突冒船,其名"取其触冒而唐突也",专用作冲锋,攻击敌人舰队。[①]

不同船型具备不同功能,互相配合构成舰队,颇具威力。

青铜战车竞驰骋
商周的都市与交通

[①]参见王冠倬编著:《中国古船图谱》,北京:生活·读书·新知三联书店,2011年版,第48页。

车马同轨驰道成

秦帝国的交通与交通管理

一、"车同轨"

秦代统一中国后,有一项重要规定对后世交通产生了重要影响,即"车同轨"。秦始皇二十六年(前221年)统一中国,随即发布政令,明确规定"一法度衡石丈尺。车同轨。书同文字"(《史记·秦始皇本纪》)。

秦始皇统一中国后,要建立一个和平统一的大秦帝国,为了这个目标,他采取了一系列统一的措施:拆毁了原有七国的防御工事,收缴了全国的兵器,统一了全国的度量衡。针对全国不一样的车轮间距,对分布在全国的不同规格的"轨道",秦始皇没有无视,规定了"车同轨",即统一车辆的宽窄、统一车辆的轨距。

古时的道路都是土路,车轮反复碾压之后会形成与车轮宽度相同的两条硬道。六国的交通制度是不统一的,各地的车辆大小不一样,车道也就有宽有窄。秦大一统之后,车

图31　秦始皇像

辆还要在不同的车道上行走,诸多不便。统一车辆的轨距后,马车长途运输的时候,车轮一直放在硬车道上,行走平稳,能够显著减少畜力消耗和车轴磨损,不仅能够减少商品和旅客运输过程的成本,而且有利于帝国军队有能力带着物资快速机动地到全国任何郡县。同时,交通设施的统一也有利于交通的发展,也有益于国家的统一和文化的融合。

二、驰道成

秦在统一中国之后，为了加强对全国的统治，就以京师咸阳为中心，在全国范围内大修驰道。自咸阳东至浙江、江苏、山东、河北，西至今甘肃东部，南至今湖北、湖南，北至今河北和山西北部及辽宁、内蒙古的南部。

据陈鸿彝先生的《中国古代交通史话》所述，秦帝国的主要干线：西北方向，从咸阳出发西去，通向陇山，山间有"回中道"。正北方向，由云阳出发，直通河套地区，特名为"直道"。东北方向，今山西境内，从浦津出发，沿汾水上溯太原，通向代郡（今河北蔚县西南）。另外从太原向东穿越太行山有"井陉道"，其延伸线通向今河北、山东等地；在上党郡境内，还有一条"上党道"，连接晋东南与河内地区。正东方向，从咸阳、长安出发，经华山北麓，过函谷关，穿过"三川"，直达大梁、曲阜，并与前述"上党道""井陉道"的延伸线相连。这是横贯东西的大驰道，穷海而止。往东南方向，出蓝田，过武关，经丹阳、南阳，到荆州，穿过云梦泽后，或溯湘水南下九嶷、桂林、番禺；或溯沅水西去黔滇。此外，在长城一线，横贯着塞上大道，从九原过云中到代郡，穿过右北平直至碣石山，并延伸到辽东。在东部，有滨海大道，从琅琊到彭城，南下过江直上会稽山。彭城向西南方向，又有一条通往寿春、转道荆州、北去襄阳和洛阳。在大西南方向，有一条古老的栈道从陈仓通往南郑、再经金牛道直达蜀中。在西南夷地区又开通了一条五尺道。于是秦国的势力通达全国。①

驰道宽五十步（一步为六尺），每隔三丈，植树一株，用铁锤夯实路基，使驰道平坦坚实。每隔十里建一亭，作为区段治安管理所和行人的招呼站、邮驿人员的交接处。

秦扫灭六国后，发兵岭南，为了转运粮饷，秦始皇二十八年（前219年），命监御史禄掌管军需供应，督率士兵、民夫在兴安境内湘江与漓江之间修建了一条人工运河，秦始皇三十三年（前214年），灵渠凿成，初名秦凿渠，后因漓江的上游为零水，故又称零渠、澪渠。唐代以后，方改名为灵渠。灵渠开凿在湘江的上源与漓江的上源之间，以大小天平为分水坝，把山水运送到南北两条江中，同时沿线修建了很多斗门，即闸门，用以节制水量，定期开闸，以便通航。灵渠的凿通，沟通了湘江、漓江，打通了南北水上通道，为秦王朝统一岭南提供了重要的保证，大批粮草经水路运往岭南，有了充足的物资供应。灵渠凿成通航的当年，秦兵就攻克岭南，随即设立桂林、象郡、南海三

车马同轨驰道成
秦帝国的交通与交通管理

---

① 参见陈鸿彝：《中国古代交通史话》，北京：中华书局，2013年版，第131、132页。

郡,将岭南正式纳入秦王朝的版图。

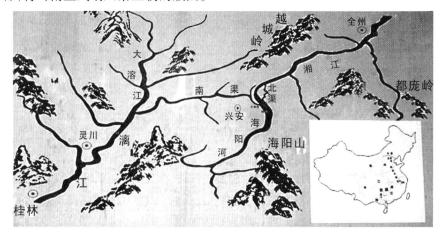

图32　灵渠水系总览图

长城也是秦国的一大交通设施,虽然更多被作为国防的防御工程,但也可以看作秦国的一条"高架路"。秦始皇三十三年(前214年),秦始皇派大将蒙恬率领三十万人北逐匈奴,占据河套,并修筑长城。"秦已并天下,乃使蒙恬将三十万众北逐戎狄,收河南。筑长城,因地形,用制险塞,起临洮,至辽东,延袤万余里,于是渡河,据阳山,逶蛇而北。暴师于外十余年。"(《史记·蒙恬列传》)秦长城把过去秦、赵、燕三国长城连接起来,从临洮到辽东绵延万里,从此始有"万里长城"之称。

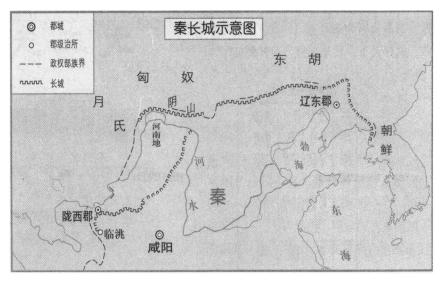

图33　秦长城示意图

秦长城可大致分为西段和北段。西段起于今甘肃省岷县,循洮河北至临洮县,经定西县向东北至宁夏固原县、甘肃环县、陕西靖边县、横山县、榆林县、神木县,然后向北折至今内蒙古托克托县南,抵黄河南岸。北段即黄河以北的长城沿阴山西段的狼山,向东至大青山北麓,再向东经今内蒙古集宁、兴和至河北尚义,再向东北经今河北张北、围场,再向东经抚顺、本溪后向东南,终于朝鲜清川江入海处。

长城大多建筑在绵延的山岭之上,翻山越岭,在长城上可以骑马、行军,宛若一条高架路。与城垣平行的还有塞上通道可供通行。可见,长城可算是秦帝国国防与交通并用的设施。

复杂的交通网络需要强有力的法律保证其正常运转,秦以法治国,在交通管理、邮传驿站上均有详细的法律条文,并且执行得非常严厉。比如,国家各级各类公务人员出差外地,必须持有符节,以证明自己的身份与任务性质;一般人员要迁徙随行,必须有符传,以证明自己的旅行合法;商贾在交验身份符传的同时,还要交纳商品税、过境税,以取得"市籍",然后才能合法营销。同时,政府对旅馆业实施严格管理,旅店主人负责检查旅客符传并进行登录。没有符传或伪造符传者不得投宿,如接待投宿,则旅客与旅馆主人一体治罪。关卡城门要核验过往人员的身份,对行人的符节、符传不做认真检查或检查而不能发现作伪情况并放行者,要受到行政处罚。凡冒名顶替,改动符传者,交当地执法机关惩处,等等。①

有关于邮传驿站也有相关的规定,如关于驿道的伙食标准:

> 御史卒人使者,食粺米半斗,酱四分升一,菜羹,给之韭葱。其有爵者,自官士大夫以上,爵食之。使者之从者,食粝米半斗,仆,少半斗。②

凡是传递公文的公务人员入住驿站,按照每人半斗精米以及四分之一肉酱的标准供给,并提供韭菜和大葱。如果是有爵位的人,就按照爵位的品级供给。随从人员按照半斗糙米的标准供给,仆人按照少半斗的伙食供给。

关于驿站马匹的喂养:

> 驾传马,一食禾,其顾来有一食禾,皆八马共。其数驾,毋过日一食。驾县马劳,有益(壹)禾之。③

意思是:每次驾用驿站的马匹都必须喂一次食,回程之后也必须喂一次

---

① 参见陈鸿彝:《中国古代交通史话》,北京:中华书局,2013年版,第141页。

② 张政烺、日知编:《云梦竹简》(2),长春:吉林文史出版社,1990年版,第80页。

③ 张政烺、日知编:《云梦竹简》(2),长春:吉林文史出版社,1990年版,第24、25页。

食,而且应当八匹马同时喂;如果连续用马,也必须每天喂一次;如果路途遥远,马会特别疲劳,可以增加一次喂食。

关于驿道公文传递条文的规定:

> 行命书及书署急者,辄行之;不急者,日毕,勿敢留。留者当以律论之。①

处理传递命令或者加急公文必须马上发出,非加急的公文可以当日发出,且不能停留到第二天,如果滞留公文要按律法处罚。

由此,严厉的法律保证了秦帝国交通网络的正常运转。

 ① 张政烺、日知编:《云梦竹简》(2),长春:吉林文史出版社,1990年版,第82页。

长乐未央九市通

汉长安城与交通

一、"方轨十二,街衢相经"

刘邦在消灭项羽的部队后,定都洛阳。齐人娄敬以劝告刘邦迁都长安:

> 且夫秦地被山带河,四塞以为固,卒然有急,百万之众可立具也。因秦之故,资甚美膏腴之地,此所谓天府者也。陛下入关而都之,山东虽乱,秦之故地可全而有也。夫与人斗,不扼其亢,拊其背,未能全其胜也;今陛下案秦之故地,此亦扼天下之亢而拊其背也。[①]

高祖以此征求群臣意见,群臣皆为山东人,认为定都洛阳为便。但张良认为:

> 洛阳虽有此固,其中小不过数百里,田地薄,四面受敌,此非用武之国也。关中左肴、函,右陇、蜀,沃野千里;南有巴、蜀之饶,北有胡苑之利。阻三面而守,独以一面东制诸侯;诸侯安定,河、渭漕挽天下,西给京师;诸侯有变,顺流而下,足以委输;此所谓金城千里,天府之国也。娄敬说是也。[②]

汉高祖元年(前202年),刘邦下令于渭河以南、秦兴乐宫的基础上重修

---

①〔宋〕司马光编著、〔元〕胡三省音注:《资治通鉴》,北京:中华书局,1956年版,第361页。

②〔宋〕司马光编著、〔元〕胡三省音注:《资治通鉴》,北京:中华书局,1956年版,第362页。

宫殿,命名为长乐宫;太祖三年(前200年)又命萧何建造未央宫,同一年由栎阳城迁都至此,因地处长安乡,故命名为长安城。自汉惠帝元年(前194年)起,开始修筑城墙。惠帝三年春(前192年),修建工程达到巅峰,先后征招累计14万人筑墙,至惠帝五年秋(前190年)城墙方完工。

汉武帝继位后,对长安城进行大规模扩建:兴建北宫、桂宫、明光宫等;于城南开设太学;在城西扩充秦朝所留下的上林苑;开凿昆明池、筑建章宫等。至此,经过近百年的兴建,汉长安城的规模始告齐备。

直至隋朝建立,隋文帝以长安城狭小破旧为由,命宇文恺在长安城东南方兴建新都城。自隋朝开皇三年(583年)迁都大兴(即唐长安城)后,有着近八百年历史的汉长安城便被永久地废弃了。

汉长安城内的宫殿、贵族宅第、官署和宗庙等建筑约占全城面积的三分之二。宫殿集中在城市的中部和南部,有长乐宫、未央宫、桂宫、北宫和明光宫等。贵族宅第分布在未央宫的北阙一带,称作“北阙甲第”。居民区分布在城北,由纵横交错的街道划分为160个“闾里”。著名的“长安九市”则在城市的西北角上,由横门大街相隔,分成东市三市和西市六市。东市是商贾云集之地,西市则密布着各种手工业作坊。

汉长安城的平面呈不规整的方形。由于城墙是在长乐、未央两宫建成后才开始兴建,因此为迁就两宫与临近河道的位置,形成南墙曲折如南斗六星、北墙曲折如北斗七星的形状,因而汉长安城有“斗城”之称。城墙全用黄土夯砌而成,高12米,基宽12至16米,墙外有宽8米、深3米的护城壕沟。据实测,东墙长6000米,西墙长4900米,南墙长7600米,北墙长7200米,合计25700米。城内面积约36平方公里。

城墙四面每面各开三座城门,南墙中为安门,东西两侧为覆盎门和西安门;北墙中为厨城门,东西两侧为洛城门和横门;东墙中为清明门,南北两侧为霸城门和宣平门;西墙中为直城门(今西安市未央区周家河湾村西北),南北两侧为章城门和雍门。每座城门都有三个门道,合计十二门、三十六门道。门道一般宽约8米,恰好相当于当时4个车轨的距离。

城内的大街都与城门相通。主要街道有8条,相互交叉。其中最长的安门大街长5500米,其余多在3000米左右。道路一般宽约45米,路面以水沟间隔分成三股,中间的御道宽20米,专供皇帝通行,两侧的边道各宽12米,供官吏和平民行走。为美化环境,路旁还栽植了槐、榆、松、柏等各种树木,茂密如荫。[1]

①赵川东:《50年发掘汉长安城初露真容》,载《人民日报》(海外版)2006年11月30日。

张衡《西京赋》曾着重描写长安的道路："徒观其城郭之制,则旁开三门,参涂夷庭,方轨十二,街衢相经。廛里端直,甍宇齐平。北阙甲第,当道直启。"意思是当时长安城四面各有三座城门,每座城门都有大道连通城内街区,每条大道都可以并排行走十二辆马车。

"参涂"的解释可以根据《太平御览·居处部·道路》："宫门及城中大道皆分作三,中央御道,两边筑土墙,高四余尺,外分之。唯公卿、尚书章服从中道,凡行人皆行左右。左入右出,夹道种榆、槐树。此三道四通五达也。"可以看出,"参涂"即是中央大道,分成三部分:中间的御道和两旁的行人通道。御道可供身穿礼服的高官使用,而行人通道则有左侧进、右侧出的分向规定,可以想见其交通秩序的良好。

近代考古发掘也印证了典籍的说法,根据刘庆柱、李毓芳《汉长安城》(文物出版社2003年版)《道路与都城分区》:"宣门大街长3800米,清明门大街长3100米,安门大街长5400米,直门大街长2900米,雍门大街长2890米,横门大街长2830米,厨门大街长1060米,洛城门大街长800米。""路宽45～56米","每条大街之上各有两条排水沟将其分为并行的三股道,中股道宽20米,两侧的道路各宽12米"。

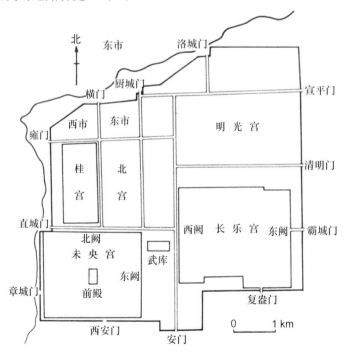

图34　汉长安城布局图

二、车马班班

汉车总的说来可以分为三大类:小车(马车)、大车(牛车)和手推车。"小车,驾马,轻小之车也"(《释名·释车》),源自先秦时的驷马车,只是将单辀变为双辕,其结构也较简单。在汉代,双辕马车因乘坐者的地位高低和用途不同,又细分为若干种类。大致分:斧车、轺车、施幨车、轩车、耕车、辎车、栈车等。

斧车:一马拖乘的兵车,因其舆中间竖立一柄大钺斧,故名。斧车因自重减轻,也称轻车。从汉画像砖中的斧车形象看,可乘坐二人。据《续汉书·舆服志》记载,县令以上的官吏,出行时都加导斧车。可知斧车只是一种由兵车演化而来的仪仗车。官吏出行时,用以壮威仪、明身份。

图35　斧车

轺车:也是一种轻便快速的小马车。《释名·释车》载:"轺,遥也,遥远也,四向远望之车。"其形制渊源于战车。汉初时轺车还是立乘,后来改为坐乘,一车可乘坐二人,御者居右,官吏居左,因车四面空敞,就是坐在车内也可以随意极目远眺。轺车一般系驾一马,但也有驾二马的。因轺车结构简单,快马轻车,因此为一般小吏出外办理公事或邮驿传递公文时乘坐的马车。

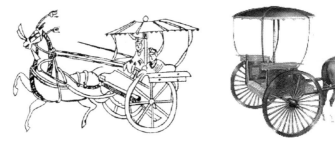

图36　轺车

施幨车:是由轺车发展来的一种马车,所谓"施幨",即在车舆两侧(即輢)加置长条形板状物,"板"的上沿向外翻折。这种呈板状物的"轓",用竹席或皮革制成,附加在舆两侧以遮挡车轮卷起的尘泥,因此"轓"又有"屏泥""车耳"之称。施轓车是中、高级官吏出行时坐乘的轻快主车。为体现等级差别,当时规定六百石至一千石的官吏,只准"朱左轓",即将左边车轓髹以红色。二千石的官吏方允许"朱其两轓"。车前多驾二马。

轩车:是汉代供三公和列侯乘坐的轻便马车。车舆两侧用漆或加皮饰的席子做障蔽。轩车的形制与双辕轺车近似,只是舆两侧的障蔽高大,人坐在车中,只能望见前后的景物,而两旁却因遮挡,不能外窥。

图37　轩车

辌车:一种带帷幔的篷车。双辕单马,方形车舆,四面施以帷幔,呈"四面屏蔽"状。车盖硕大,且四边稍稍上卷,呈盆帽形顶。车门改在前面,舆内仅容一人,御者坐在车舆前的轼板上。辌车是妇女乘坐的车。

辒车:也是一种双曲辕驾单马的带篷车,其形制和辌车基本相同,略有不同的是车门设在车舆后面,车辕较长,直伸到车舆后边,以供乘者上下时蹬踏之用。它是一种适于长途旅行乘坐的车,既可载行李,夜间又可卧息车中。一般辒车和辌车可并称"辒辌"。辌、辒车在汉代都是极为舒适而又装饰华丽的高级马车,专供贵族妇女乘坐。

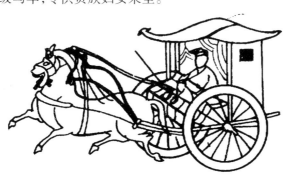

图38　辒车

栈车:栈,又写作楼,是以竹木条编舆的篷车。《说文·木部》载:"栈,棚也,竹木之车曰栈。"这种车的形制是车舆较长,其上为卷篷(篾席),前后无挡,双直辕,驾一马,既载人又拉货,为民间运货载人之车。

汉代马车的种类复杂、名目繁多,除上述几种车外,见于记载的还有皇帝乘坐的玉辂、皇太子与诸侯王乘坐的王青盖车、皇帝亲耕时乘坐的耕车、仪仗中载乐队用的"鼓吹车""金钲车"、乐舞百戏中的"戏车"、行猎用的"猎车"、丧葬用的"辒辌车"、载猛兽或犯人的"槛车"等等。尽管类型众多、名称各异,但如果就乘者的姿势而言,还可以把所有的车分为站乘的高车、坐乘的安车两大类。汉代的车舆制度始创于汉景帝中元六年(前144年),以后继位的皇帝又都陆续增补修订,由此形成了一套完整而又复杂的乘车制度。不同等级的官吏都有相应的乘车,以凸显其身份、地位。这些车名称不同,但形制基本类似,不同的只是构件的质地(金、银、铜等)、车马饰的图案(龙、凤、虎、豹等)、车盖的大小和用料(布、缯等)、车篷的形状、用料以及驾车的马的数量。除大小贵族和官吏本人乘坐的主车外,还规定了导从车和骑吏的数量:如三百石以上的官吏,前有三辆导车,后有两辆从车。三公以下至二千石,骑吏四人;千石以下至三百石二人;骑吏皆骑马、带剑持棨戟为前列开道。乘车时前后簇拥,威风凛凛,是贵族官吏们表现其地位和权势的好机会。因此,车马出行成了汉代贵族、官员生活中的一项重要内容。

汉代交通发达,除乘人的马车以外,载货运输的牛车数量也大量增加。牛车自古就有,因牛能负重但速度慢,所以牛车多用以载物。因其车厢宽大,又称大车、方厢车。牛车最初是商贾们用来载货贩运的运输车。汉代车舆制度曾明确规定:"贾人不得乘马车"(《续汉书·舆服志》),所以牛车在汉代就成为商人们运货载人的主要交通工具了。不少富商大贾拥有成百上千辆的牛车。汉代牛车的模型多有出土。汉代牛车与今大车略同。汉代牛车由于采用直辕形式,所以支点较低,在平地上行车时远比曲辕的马车平稳安全。加上辕直,制作时便可选用较粗大的木材,提高了车辕的坚固性,而无须像马车那样附设加固杆。汉以后,人们坐车不求快速,但求安稳,于是直辕的优点渐渐显出,直辕车开始盛行,而曲辕车渐渐被淘汰。无论是乘人的马车或载物的牛车,皆须在较宽敞的道路

图39　汉代的牛车

上行驶,而不适于在乡村田野、崎岖小路和丘陵起伏地区使用。

正因如此,在西汉末东汉初,一种手推的独轮车在当时的齐鲁和巴蜀地区出现。独轮车的特点是,结构简单:两个把手前端架置一轮,把手间以横木连接,形成一个框架,其上或坐人或置物。轮两侧有立架护轮,行

图40　独轮车

车灵活轻便;一般只一人推动,或加一人在前面拉,载人载物均可。在狭窄之路运行,其运输量比人力负荷、畜力驮载大过数倍。这种手推车在汉代并不叫独轮车,而是称"辇"(音荧)。《说文·车部》曰:"辇,车揉规也,一曰一轮车。"这大概是对独轮车的最早记载。至于"独轮车"之名,要晚到北宋时沈括写的《梦溪笔谈》一书中才看到。

三、舟船泛泛

秦汉时期,船只数量众多,且被广泛使用。秦始皇巡行各地时就曾乘船渡过江河,甚至行驶于海上;汉代的诸侯也大量造船,雄踞一方;在农业上也使用船只,尤其是一些水田地区,木船成为在水田里方便的交通生产工具。

图41　农田用船

船只的广泛使用催生了船只技术的改进,在秦汉时期,船只的发展渐趋成熟,船只的帆、桨、橹、篙、舵、碇、木石锚等部件均有改进革新。

帆,东汉许慎的《说文解字》并未收录"帆",但《释名·卷七·释船》载"帆,泛也。随风张幔曰帆。使舟疾,汛汛然也"。显示,于东汉末年成书时已有帆字,其作用则是使船疾驶。早期的帆布能用来调整角度,汉代则出现可以转动的帆。《南州异物志》:

外徼人随舟大小,或作四帆,前后沓载之。有卢头木叶如牖形,长

长乐未央九市通

汉长安城与交通

丈余,织以为帆。其四帆不正向前,皆使邪移,相聚以取风。风吹后者,激而相射,亦并得风力。若急,则随宜减灭之也。邪张相取风气,而无高危之虑,故行不避迅风激波,安而能疾。

意为将每一面帆与船的纵轴呈一角度,风吹帆上,聚拢为一股合力使船前进。借助大自然的风获得动力,免除人们的辛劳。

桨,是古老的推力工具,只不过要借助人力,向后滑动桨,利用水的反作用力使船前进。一般来讲,船的大小决定了桨的多少,战船由于灵活性的需要,一般比民用船只的桨多些。早期的桨一般较短,推力小,秦汉时期已有长桨,又叫棹,可使船快速前进。

橹,来源于桨,其形状类似于桨,但比桨更加长大。《释名·卷七·释船》:"在旁曰橹。橹,旅也,用旅力然后舟行也。"可见,橹多支在船尾或船侧的支架上,人在船上用手摇动,橹便在水中左右摆动,以此产生推力。

篙,结构最为简单,即一根长竿,非常古老。将篙插入水底,用力撑,船便获得动力,在浅水中作用格外巨大;停靠时也可以用篙抵住岸边,不致使船发生碰撞;途经险滩时也可以撑住礁石,防止搁浅或碰撞。

舵,舵是由桨演变而来。桨可以在做推进工具时,兼顾控制航向。但当众多桨手划船时,既要推进又要控制航向就相当困难,于是就专设一名桨手控制航向,他位于船尾,因为船尾距船的转动中心较远,在改变船的航向上最省力、快捷,同时他又与推进桨手互不干扰。后来船体加大,桨叶面积也随之增加,就逐渐产生了舵。

碇,停船时抛在岸上或者沉入水底用以稳定船身石块,抛在岸上可以通过自身重量来固定船只;沉入水底可以半陷入泥中,也可以固定船只。

木石锚,木石锚的出现的时期最迟不晚于汉朝。1955年在广州市郊区东汉墓穴中出土的陶船模型上有一悬挂物。该物正面呈"十"字形,侧视则为"V"字形,据分析它是一种木叉与石块的结合物,主体为木,两支分又是抓附淤泥的齿爪。石锚重量大,木锚抓力强,人们逐渐把两者的优点结合起来,在石块的两侧系上树枝或木棒,创造出兼有二者优点的木石锚。

有了优良的船只,秦汉时期的航行范围逐渐扩大,终于在经济强大的汉王朝出现了对海上丝绸之路的开辟,中国的古船开始接受茫茫大海的检验。

万里难阻"凿空"心

秦汉丝绸之路的开辟

一、张骞"凿空"

交通的背后是"交流",在一个统一的国家内,文字相通、制度相通、文化相通,背后所依靠的,就是交通的相通,因此,秦始皇统一中国后立刻践行的就是"车同轨",只有交通问题解决了,国家才能够维系。可以说,正是交通,保障了一国之内的政治、文化的趋同。与国内的趋同相反,国家之外,国与国之间,在种族、语言、政治、文化上就存在较大差异了,在古代,这种差异首先就是由地域决定的,恰恰是交通的通达程度,决定了国与国的分界。与其说"国与国"的分界,不如说是"国都与国都"的分界,因为古代国家的都城,恰恰是这个国家的政治、经济、文化的中心,一个国家国都的面貌,可以反映出这个国家的整体面貌,是这个国家的缩影。

古时一个国都与另一个国都连接的道路曲折,它是由一批勇敢的先驱们所开拓的,正是有了他们英勇的壮举,才使得国都与国都之间道路能够相连,客商、僧侣能够往来不绝如缕,交流才能开始。在中国,将长安与各个外国都城联系起来的,要从张骞算起。

汉时的"西域"有广义和狭义之分。广义上,"西域"包括今天中国新疆天山南北及葱岭(即帕米尔)以西的中亚、西亚、印度、高加索、黑海沿岸,甚至达东欧、南欧。狭义上,"西域"则仅指敦煌、祁连以西,葱岭以东,天山南北,即今天的新疆地区。

天山南麓,因北阻天山,南障昆仑,气候特别干燥,仅少数水草地宜于种植,缺少牧场,汉初形成三十六国,多以农业为生,兼营牧畜,有城郭庐舍,故称"城郭诸国"。从其地理分布来看,由甘肃出玉门、阳关南行,傍昆仑山北麓向西,经且末(今且末县)、于阗(今于田县),至莎车(今莎车县),为南道诸国。出玉门、阳关后北行,由姑师(今吐鲁番)沿天山南麓向西,经焉耆(今焉耆县)、轮台(今轮台县)、龟兹(今库车县),至疏勒,为北道诸国。这些国家包括氐、羌、突厥、匈奴、塞人等各种民族。葱岭以西,当时有大宛、乌孙、大月氏、康居、大夏诸国。而勾连这些国家、凿通西域的任务就落在张骞的头上。

西汉建元元年(前140年),汉武帝刘彻即位。此时汉王朝已建立六十余年,历经汉初几代皇帝,奉行轻徭薄赋和"与民休息"的政策,特别是"文景之治",西汉进入了繁荣时代,国力已相当充沛。"京师之钱,累百巨万,贯朽而不可校;太仓之粟,陈陈相因,充溢露积于外,腐败不可食"(《史记·平准书》),人民生活"众庶街巷有马,阡陌之间成群,乘字牝者摈而不得与聚会,守闾阎者食梁肉"。(《史记·平准书》)汉武帝正是凭借

图42 汉武帝像

这样雄厚的物力财力,及时反击匈奴的侵扰,决心从根本上解除来自北方的威胁。

汉武帝即位不久,从来降的匈奴人口中得知,在河西走廊西端曾住着一个游牧民族——大月氏。汉代初年,月氏多次为匈奴冒顿单于所败,国势日衰,至老上单于时,被匈奴彻底征服。老上单于杀掉月氏国王,甚至把他的头颅割下来做成酒器。月氏人受尽耻辱,被迫西迁,在西域重新建立了国家。但是他们时刻准备对匈奴进行复仇。汉武帝得知这一情况后,决定联合大月氏,共同夹击匈奴,于是开始选拔人才,出使西域。当汉武帝下达诏令后,张骞挺身应诏,勇敢踏上了征途。

张骞,西汉汉中成固(今陕西城固县)人,生年及早期经历不详。汉武帝建元三年(前138年),张骞奉命率领一百多人,从长安启程,路经陇西(今甘肃临洮)向西域进发。一个胡人,名为甘父,也称堂邑父——因曾被卖到堂邑氏的家庭做奴隶——自愿充当张骞的向导和翻译。要到达西域需要经过河西走廊,而此时的河西走廊自月氏人西迁后,已完全为匈奴人所控制。张骞一行本想悄悄通过,但不幸碰上匈奴的骑兵,全部被抓,并被带到匈奴单于的面前问话。当匈奴单于得知张骞欲出使大月氏后,勃然大怒,对张骞说:"月氏在吾北,汉何以得往? 使吾欲使越,汉肯听我乎?"意思是:"月氏在我的北方,汉朝为什么派使节去,怎么去呢? 如果我派人出使汉朝的南方诸

国，汉朝愿意让我通过吗?"的确，从匈奴人的立场出发，是不能够允许汉使通过匈奴地区，去出使月氏的。就像汉朝不会让匈奴使者穿过汉区，到南方的越国去一样。张骞一行被扣留和软禁起来。

张骞"不辱君命""持汉节不失"，始终不曾忘记自己的使命，没有动摇为汉朝出使西域的决心。匈奴单于软化张骞，为张骞娶了匈奴的女子为妻，并且生了孩子。但这些均未使张骞动摇。张骞等人在匈奴一直留居了十年之久，同伴都失散，身边仅有甘父陪伴。

图43 张骞像

公元前128年的一天，他们趁敌人的监视渐渐有所松懈，逃出了匈奴王庭。在匈奴十年的留居，使张骞等人了解了通往西域的道路，并学会了匈奴人的语言，他们穿上胡服，很难被匈奴人查获，因此顺利地穿过了匈奴人的控制区。

图44 张骞出使西域图

一路上张骞无所畏惧，风餐露宿，凭借甘父猎得的野味充饥。他们经过车师国(新疆吐鲁番)，进入焉耆(新疆焉耆)，沿塔里木河北上，经过龟兹(新疆库车)、疏勒(新疆喀什)，翻越葱岭，抵达大宛国(乌兹别克斯坦费尔干纳盆地)。大宛国早闻汉朝富饶，见汉代使节到来，喜出望外，特地派翻译和向导陪张骞到达康居(费尔干纳西北)，最后在妫水(阿姆河)流域找到了大月氏。

但在留居匈奴期间，大月氏的国情已发生了变化。在匈奴支持和唆使下，月氏的敌国乌孙西攻月氏。月氏人被迫又从伊犁河流域继续西迁，进入

图45 帕米尔高原

咸海附近的妫水地区,征服大夏,在新的土地上另建家园。新的土地十分肥沃,物产丰富,并且距匈奴和乌孙很远,外敌骚扰的危险大大减少,优越的物质条件使大月氏人改变了以前的态度。当张骞向他们提出建议时,他们已无意向匈奴复仇了。同时,他们又认为汉朝离月氏太远,如果联合攻击匈奴,遇到危险恐难以相助。张骞等人在月氏停留了一年多,但始终未能说服月氏与汉朝联盟,夹击匈奴,只能遗憾地踏上归途。

归途中,张骞改变了路线,沿着塔里木盆地的南缘进入柴达木盆地,从莎车,经于阗(今和田)、鄯善(今若羌),进入羌人地区,这样就能避开匈奴控制区,以免匈奴人阻拦。但出乎意料,羌人也沦为匈奴的附庸,张骞等人再次被匈奴所俘,又扣留了一年多。

公元前126年,军臣单于死后,匈奴发生内乱,张骞便趁匈奴内乱之机逃回长安。这是张骞第一次出使西域。从公元前138年出发,到公元前126年归汉,共历时十三年。出发时带一百多人,回来时仅剩下张骞和甘父二人,如此壮举不禁让人唏嘘。

张骞回到汉朝以后,向汉武帝报告了出使情况和西域见闻,汉武帝听后十分高兴,封张骞为太中大夫,并赐给甘父"奉使君"的称号。此后,张骞又协助大将军卫青抗击匈奴有功,被汉武帝封为"博望侯"。后来,朝廷派出出使西域的使者都自称"博望侯",就是因为张骞在西域各国地位很高的缘故。

春秋以来,戎狄等少数民族杂居在泾渭之北。至秦始皇北筑长城却戎狄,以保护中原,但其西界仍不过临洮,玉门关之外的广阔的西域,尚未受中国政治文化势力所影响。张骞第一次通使西域,使中国的影响直达葱岭。

中国同中亚、西亚，以至南欧的直接交往建立起来。后人正是沿着张骞的足迹，走出了誉满全球的"丝绸之路"。这就是张骞的"凿空"之功。

　　然而，西汉王朝对匈奴的战争只是打败了匈奴在漠南及河西走廊的势力，西域各国仍然被匈奴控制着，依然威胁着西汉王朝西北边境的安全。公元前119年，汉武帝采纳了张骞"连乌孙""招外臣""断匈奴右臂"的建议，再度派遣张骞出使西域。于是张骞率领一个三百多人的使团，每人配两匹马，携带牛羊万头，并携钱币、绢帛"数千巨万"，浩浩荡荡向西域进发。第二次出使西域，河西走廊和南疆已经在汉代的管控之下，所以张骞顺利到达乌孙的赤谷城（伊塞克湖东南）。但张骞这次出使仍然没有达到预期目的，当他们到达乌孙（伊犁河、楚河流域）时，正值乌孙因王位之争而政局不稳，国内贵族又惧怕匈奴，故西汉王朝欲同乌孙结盟攻打匈奴的政治目的再次落空。但在乌孙期间，张骞还通过乌孙的关系，分别派遣副使前往大宛、康居、大月氏、大夏（新疆和田一带）、安息（伊朗）、身毒（印度）各国，广泛联络，进行友好活动，这些副使均受到了友好的欢迎。安息国王米理斯二世派两万骑兵自都城番兜东行数千里，至边境迎接张骞副使，副使归国时，安息国王又派出使团，陪同张骞回到长安，并且赠给汉朝珍奇的礼物。其他副使归国，各被访问的国家都派遣使者与张骞共同回汉朝长安联系。至此，中国正式打通了通往西域的大道。西汉政府与西域及中亚、西亚、南亚地区的关系迅速发展，西汉王朝多则一年之中会派遣十几个使团，规模大则数百人，少则百余人出访西域，出访一次所需时间从数年到八九年不等。此后，中西之间的陆路交通继续向西延伸，一直到奄蔡（咸海与里海之间）、条支（今吉尔吉斯斯坦与哈萨克斯坦一带）等国。

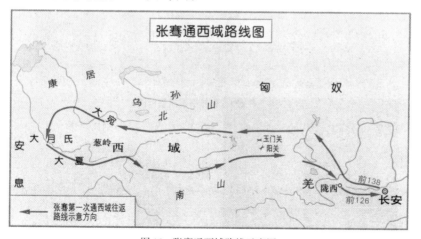

图46　张骞通西域路线示意图

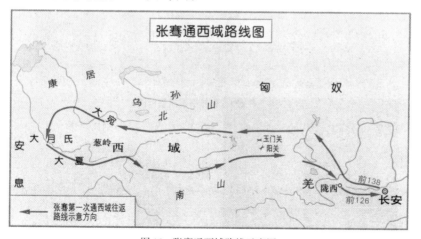
张骞通西域路线图

万里难阻"凿空"心

秦汉丝绸之路的开辟

张骞两次出使西域,历时十余年,不畏艰险,历尽困苦,在茫茫戈壁沙漠中,于万丈雪岭冰原上踏出了一条东西交通之路,这种勇于克服困难的"凿空"精神永远为后人尊敬,而张骞也成为开拓丝绸之路的先驱,永被后人铭记。

二、班超定远

图47　汉玉门关遗址

张骞"凿空"西域之后,东西交通仍存在阻力,匈奴虽然退出河西走廊,然而少数骑兵仍然时时骚扰往来使节和客商,汉朝为了巩固对西域的统治,防御匈奴,先后在西域设立了武威、酒泉、张掖、敦煌四郡以及玉门关、阳关的关口。在河西四郡北侧,修筑了长城,设置了大量的烽燧,屯驻官兵,公元前60年,葱岭以东广大地区归汉,汉王朝在此设立西域都护府,使得东西交通呈现出一派繁荣。

然而公元9年王莽代汉,当上新皇帝。在外交上,王莽无故贬低匈奴单于的地位,引起匈奴的反叛,西域各国也跟随反叛。公元10年,车师国投降匈奴,公元13年,焉耆国起兵反对王莽,西域各地纷纷响应,同时汉朝驻西域官员也不满王莽篡位,纷纷响应。后来河西也加入反对王莽的行列,东西交通在战火中完全断绝。

公元25年,东汉政权建立,然而西北仍被匈奴所控制,汉明帝末年,东汉政局已经安定,人民已经安居乐业,社会经济逐渐恢复,收复对西域的管辖正式提上日程。公元73年,汉明帝派窦固、耿秉率军出使西域,占领伊吾(新疆哈密),与此同时,派班超率三十六名吏士出使西域,实行招抚。

班超出使的第一站是鄯善国(今新疆罗布泊西南)。鄯善王对班超等人先是殷勤而热情,几天后态度突然变得冷淡。班超警觉,估计必有原因。他对部下说:"宁觉广礼意薄乎? 此必有北虏使来,狐疑未知所从故也。明者睹未萌,况已着邪。"(《后汉书·班超列传》)

班超把接待他们的鄯善侍者找来,出其不意地问:"匈奴使来数日,今安在乎?"(《后汉书·班超列传》)侍者出乎意料,难以对答,只好说出实情。班超随后将侍者关押,以防泄露消息。随即召集部下三十六人饮酒,到正酣处,班超故意激怒大家:"卿曹与我俱在绝域,欲立大功,以求富贵。今虏使到裁数日,而王广礼敬即废;如令鄯善收吾属送匈奴,骸骨长为豺狼食矣。为之奈何?"众人都说:"今在危亡之地,死生从司马。"班超说:"不入虎穴,不得虎子。当今之计,独有因夜以火攻虏,使彼不知我多少,必大震怖,可殄尽也。灭此虏,则鄯善

图48 班超像

破胆,功成事立矣。"有部下说:"当与从事议之。"班超大怒,说:"吉凶决于今日。从事文俗吏,闻此必恐而谋泄,死无所名,非壮士也!"(《后汉书·班超列传》)部下一致称是。

天黑后,班超率领将士直奔匈奴使者驻地。乘半夜风起,顺风纵火,匈奴人乱作一团,逃遁无门。班超率部下三十余人将匈奴一百多个使者全部斩首烧死。第二天,班超把鄯善王请来,将匈奴使者的首级给他看,鄯善王大惊失色,为班超的勇敢所震慑,表示愿意归附汉朝。

班超等人继续向西,沿天山北麓抵达于阗(今新疆和田)。当时,于阗王受匈奴使者监护,名为监护其国,实际上掌握着该国的大权。班超到于阗后,于阗王对他不予礼遇,颇为冷淡。于阗盛行巫风,巫师对于阗王说:"神怒何故欲向汉?汉使有騧马,急求取以祠我。"(《后汉书·班超列传》)竟然要求将班超所骑之马祭神,班超爽快地答应,但是等到神巫来牵马时,班超不由分说,将他杀死,把首级送于阗王。于阗王经过班超争取,最终主动杀死匈奴使者,归附汉朝。

次年春,班超带手下人从小道向疏勒国(新疆喀什)进发。当时,疏勒国实际掌握在龟兹人手中。匈奴所立的龟兹(新疆库车)国王倚仗匈奴的势力破疏勒国,杀死国王,另立龟兹人兜题为疏勒王。班超手下官员田虑去招降兜题,并指示:"兜题本非疏勒种,国人必不用命。若不即降,便可执之。"(《后汉书·班超列传》)田虑见兜题没有投降之意,便乘其不备,将兜题抓了起来,并火速到班超处复命。班超将兜题驱逐出国,另立原疏勒国王兄之子为王,此举得到疏勒举国拥护,一致表示归附汉朝。

班超以军司马的官衔屯驻于阗、疏勒等地,和汉朝断绝了65年的西域通道被打通。

公元75年,汉明帝去世、章帝初立之时,焉耆(今新疆焉耆)国围攻西域都护,杀死都护陈睦。班超孤立无援,死守疏勒。朝廷担心班超难以支持,便下诏命班超回国。班超受命将归,疏勒举国忧恐。都尉黎弇说:"汉使弃我,我必复为龟兹所灭耳。诚不忍见汉使去。"(《后汉书·班超列传》)说罢,拔刀自刎而死。行至于阗,于阗国百姓都放声痛哭,他们说:"依汉使如父母,诚不可去。"(《后汉书·班超列传》)班超见状,深为感动,便毅然决定,不回汉朝,继续留在西域。

公元78年,班超率疏勒国、于阗国、康居国士兵一万多人,进攻姑墨,并将其攻破,孤立了龟兹。公元80年,班超上书汉章帝,分析了西域各国形势及自己的处境,提出了要趁机平定西域各国的主张:

> 臣窃见先帝欲开西域,故北击匈奴,西使外国,鄯善、于阗即时向化。今拘弥、莎车、疏勒、月氏、乌孙、康居复愿归附,欲共并力破灭龟兹,平通汉道。若得龟兹,则西域未服者百分之一耳。臣伏自惟念,卒伍小吏,实愿从谷吉效命绝域,庶几张骞弃身旷野。昔魏绛列国大夫,尚能和辑诸戎,况臣奉大汉之威,而无铅刀一割之用乎?前世议者皆曰取三十六国,号为断匈奴右臂。今西域诸国,自日之所入,莫不向化,大小欣欣,贡奉不绝,唯焉耆、龟兹独未服从。臣前与官属三十六人奉使绝域,备遭艰厄。自孤守疏勒,于今五载,胡夷情数,臣颇识之。问其城郭小大,皆言"倚汉与依天等"。以是效之,则葱领可通,葱领通则龟兹可伐。今宜拜龟兹侍子白霸为其国王,以步骑数百送之,与诸国连兵,岁月之闲,龟兹可禽。以夷狄攻夷狄,计之善者也。臣见莎车、疏勒田地肥广,草牧饶衍,不比敦煌、鄯善闲也,兵可不费中国而粮食自足。且姑墨、温宿二王,特为龟兹所置,既非其种,更相厌苦,其执必有降反。若二国来降,则龟兹自破。愿下臣章,参考行事。诚有万分,死复何恨。臣超区区,特蒙神灵,窃冀未便僵仆,目见西域平定,陛下举万年之觞,荐勋祖庙,布大喜于天下。[1]

汉章帝见表后非常满意,先后派徐干、和恭率兵增援班超。在汉军增援下,班超先破康居,后又大败了兵力数倍于己的莎车、月氏等国,并迫使龟兹、姑墨、温宿等国于公元91年投降。公元94年秋,班超调发龟兹、鄯善等

① 〔宋〕范晔撰,〔唐〕李贤等注:《后汉书》,北京:中华书局,1965年版,第1575页。

八国的部队七万人,进攻焉耆,并很快攻陷其国,诛杀其国王。为稳定局势,班超在那里驻守了半年。至此,西域五十多个国家都归附了汉王朝。

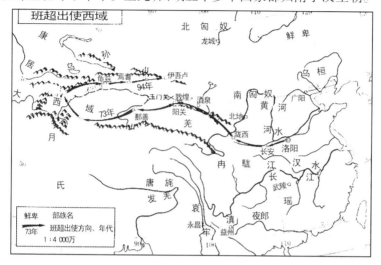

图49　班超出使西域路线示意图

公元95年,朝廷下诏曰:

　　往者匈奴独擅西域,寇盗河西,永平之末,城门昼闭。先帝深愍边萌婴罗寇害,乃命将帅击右地,破白山,临蒲类,取车师,城郭诸国震慑响应,遂开西域,置都护。而焉耆王舜、舜子忠独谋悖逆,恃其险阨,覆没都护,并及吏士。先帝重元元之命,惮兵役之兴,故使军司马班超安集于阗以西。超遂逾葱领,迄县度,出入二十二年,莫不宾从。改立其王,而绥其人。不动中国,不烦戎士,得远夷之和,同异俗之心,而致天诛,蠲宿耻,以报将士之仇。司马法曰:"赏不逾月,欲人速睹为善之利也。"其封超为定远侯,邑千户。①

　　朝廷封班超为"定远侯",以表彰班超的功绩。公元102年,班超以71岁的高龄回到洛阳,一个月后便与世长辞,班超在西域整整经营了三十年,为东西交通要道的畅通做出了杰出的贡献。

万里难阻「凿空」心　秦汉丝绸之路的开辟

---

① 〔宋〕范晔撰,〔唐〕李贤等注:《后汉书》,北京:中华书局,1965年版,第1582页。　　057

长安大道连狭斜

唐长安城与交通

一、五剧三条控三市

唐长安城,隋朝称之为大兴城,兴建于隋朝,唐朝改名为长安城,为隋唐两朝的首都,是中国历史上规模最为宏伟壮观的都城,一度也是当时世界上规模最大的城市。为体现统一天下、长治久安的愿望,隋文帝将城池建设得规模恢宏,面积达83.1平方公里,此后几百年间,一直是人类建造的最大都城,是当之无愧的"世界第一城"。长安城由宫城、皇城和外郭城三部分组成,城内百业兴旺,人口最多时超过100万。唐王朝建立后,对唐长安城进行了多方的补葺与修整,使城市布局更趋合理化。龙首原上大明宫的建立,使李唐王朝统治者更加占有高亢而优越的地理位置。站在龙首原上,俯瞰全城,更是一代帝国一统天下的气度与风范。

唐长安城按中轴对称布局,由外郭城、宫城和皇城三大部分组成。城内街道纵横交错,划分出110座里坊。此外还有东市、西市等大型商业区和芙蓉园等人工园林。城市总体规划整齐、布局严整,堪称中国古代都城的典范。

唐长安城是一个东西略长、南北略窄的长方形。根据考古实测,从东墙的春明门到西墙的金光门之间,东西宽为9721米(包括两城墙厚度)。从南墙的明德门到北墙的玄武门偏东处之间,南北长为8651米(包括两城墙厚度)。两相比较则东西长出1070米,周长约35.5公里,面积84平方公里。宫城位于全城北部中心,皇城在宫城之南,外郭城则以宫城、皇城为中心,向东西南三面展开。

长安城(外郭城)开十二座城门,南面正中为明德门,东西分别为启夏门和安化门；东面正中为春明门，南北分别为延兴门和通化门；西面正中为金光门，南北分别为延平门和开远门；北面的中段和东段分别与宫城北墙和大明宫南墙重合，西段中为景耀门，东西分别为芳林门和光化门。除正门明德门有五个门道外，其余各门均为三个门道。据实测，明德门址东西广55.5米，南北长17.5米，每个门道宽5米。特别是明德门内的南北大街——朱雀大街更是宽达150米至155米。其他的不通城门的大街宽度也普遍在35米至65米之间，而顺城街宽20米到25米。明德门原有台阁式门楼建筑，唐末被朱全忠焚毁。

宫城位于全城北部正中，平面为长方形，东西长2820米，南北宽1492米，周长8.6公里。城四周有围墙，南面正中开承天门（隋称广阳门），东西分别是延喜门和安福门，北墙中部开玄武门。宫城分为三部分，正中为太极宫（隋称大兴宫），称作"大内"，东侧是东宫，为太子居所，西侧是掖庭宫，为后宫人员的住处。今天西安城内西五台和北城外自强西路北侧铁路中学内的土岗则是为数不多的大兴宫城遗址。

皇城亦为长方形，位于宫城以南，其东西与宫城等长，南北宽1843米，周长9.2公里。城北与宫城城墙之间有一条横街相隔，其余三面辟有五门：南面三门，中为朱雀门，两侧为安上门和含光门；东西面各一，分别为景风门和顺义门。南面正中的朱雀门是正门，向南经朱雀大街与外郭城的明德门相通，向北与宫城的承天门相对，构成了全城的南北中轴线。城内有东西向街道7条，南北向5条，道路之间分布着中央官署和太庙、社稷等祭祀建筑。

从城市的平面布局来看，规划者严格讲求左右对称。全城以宫城的承天门、皇城的朱雀门和外郭城的明德门之间的连线，也即承天门大街（亦名天街）和朱雀大街为南北向中轴线，以此为中心向左右展开。为突出北部中央宫城的地位，以承天门、太极殿、两仪殿、甘露殿、延嘉殿和玄武门等一组组高大雄伟的建筑物压在中轴线的北端，以其雄伟的气势来展现皇权的威严。之后，随着不断增添新殿，才使这种格局有所变化。

外郭城内有南北向大街8条，东西向大街14条。街道的两侧都设排水沟，并种植榆、槐等行道树。其中通往南三门和连接东西六门的六条大街是主干道，宽度大都在百米以上。最宽的朱雀大街是城市的南北中轴线，以之为分界，城东属于万年县，城西属于长安县。

纵横交错的道路将外郭城分作了110坊（隋称"里"）。各坊面积不一，南北长在500~838米之间，东西宽在550~1125米之间。每座坊的四周都筑有围墙，大坊一般开四门，内设十字街，小坊则开东西二门，设一横街，街

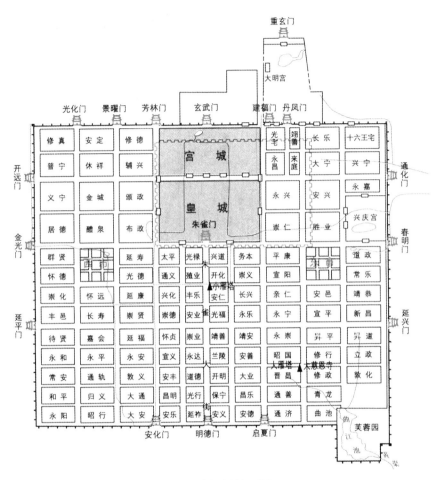

图50　唐长安城复原图

宽都在15米左右。根据考古发掘了解,十字街将一坊分为四区,在每一区内都还有一小十字巷,把整座坊分成十六个小块,分布着民宅、官邸、寺院和道观等。各坊均采取封闭式管理,坊门有卫兵把守,晚间会实行宵禁。

外郭城内有东市(隋称都会市)、西市(隋称利人市)两座市场,各占两坊之地。两市大小几乎完全相同,南北长约1025米,东西宽约927米。市场有围墙,开八扇门,内有井字形街道和沿墙街道,将市内分为九区。每个区都四面临街,店铺沿街而设,有饮食店、珠宝店和手工业作坊等。长安城的商业大都集中在这两座市场,其他各坊内也有一些零散的商业设施。[1]

① 参见王美子:《隋唐长安城格局、遗存及标识》,载《西安建筑科技大学硕士论文》,2007年。

长安城内主要有四条沟渠，名龙首、清明、永安和漕渠，分别从东南西三面引渭河的支流入城，提供生活和环境用水。前三渠开凿于隋初开皇三年（583年），漕渠开凿于唐天宝元年（742年）。

　　"初唐四杰"之一的卢照邻有描写长安的代表作《长安古意》：

长安大道连狭斜，青牛白马七香车。
玉辇纵横过主第，金鞭络绎向侯家。
龙衔宝盖承朝日，凤吐流苏带晚霞。
百丈游丝争绕树，一群娇鸟共啼花。
啼花戏蝶千门侧，碧树银台万种色。
复道交窗作合欢，双阙连甍垂凤翼。
梁家画阁中天起，汉帝金茎云外直。
楼前相望不相知，陌上相逢讵相识。
借问吹箫向紫烟，曾经学舞度芳年。
得成比目何辞死，愿作鸳鸯不羡仙。
比目鸳鸯真可羡，双去双来君不见？
生憎帐额绣孤鸾，好取门帘帖双燕。
双燕双飞绕画梁，罗帷翠被郁金香。
片片行云着蝉鬓，纤纤初月上鸦黄。
鸦黄粉白车中出，含娇含态情非一。
妖童宝马铁连钱，娼妇盘龙金屈膝。
御史府中乌夜啼，廷尉门前雀欲栖。
隐隐朱城临玉道，遥遥翠幰没金堤。
挟弹飞鹰杜陵北，探丸借客渭桥西。
俱邀侠客芙蓉剑，共宿娼家桃李蹊。
娼家日暮紫罗裙，清歌一啭口氛氲。
北堂夜夜人如月，南陌朝朝骑似云。
南陌北堂连北里，五剧三条控三市。
弱柳青槐拂地垂，佳气红尘暗天起。
汉代金吾千骑来，翡翠屠苏鹦鹉杯。
罗襦宝带为君解，燕歌赵舞为君开。
别有豪华称将相，转日回天不相让。
意气由来排灌夫，专权判不容萧相。
专权意气本豪雄，青虬紫燕坐春风。

自言歌舞长千载，自谓骄奢凌五公。

　　节物风光不相待，桑田碧海须臾改。

　　昔时金阶白玉堂，即今唯见青松在。

　　寂寂寥寥扬子居，年年岁岁一床书。

　　独有南山桂花发，飞来飞去袭人裾。①

　　诗歌的第一部分从"长安大道连狭斜"到"娼妇盘龙金屈膝"，真实地再现了初唐时期都城长安的全景。

　　"长安大道连狭斜"，首句就极有气势地展开了大长安的平面图，也真是再现了当时长安城内的道路交通状况：四通八达的大道与密如蛛网的小巷交织着，不管去往哪里都方便快捷。"青牛白马七香车"写长安城宽广的道路上所跑的车辆：有用青牛拉的牛车，有宝马良驹拉的马车，各式各样，但都富丽华贵。"玉辇纵横过主第，金鞭络绎向侯家"，当然，这些华贵的车辆都是权贵所有。这些执"金鞭"、乘"玉辇"，车饰华贵，出入于公主第宅、王侯之家的，都不是等闲人物。"纵横"可见其人数之多，"络绎"不绝，这种景象从"朝日"初升到"晚霞"将合，没有一刻停止过。可见当时长安交通繁忙，车辆川流不息。

　　接着用"百尺游丝争绕树，一群娇鸟共啼花"的景色描写衬托长安的喧闹，点出这是在当时世界第一大都市——长安。以下写长安的建筑：宫门，五颜六色的楼台，精工雕刻的合欢花图案的窗棂等等，使人联想到长安建筑的富丽堂皇、宏伟壮观。

　　长安人口众多，与现代的大都市相比，丝毫不逊色，以至于"楼前相望不相知，陌上相逢讵相识？"诗歌中用大段文字描写歌儿舞女们的情感、生活，以其一斑窥豪门生活的全豹。这里有人一见钟情，打听得那仙子弄玉（"吹箫向紫烟"）般美貌的女子是贵家舞女，"楼前相望不相知，陌上相逢讵相识。借问吹箫向紫烟，曾经学舞度芳年。得成比目何辞死，愿作鸳鸯不羡仙"。公子的热恋之情溢于言表。那舞女也是心领神会："比目鸳鸯真可羡，双去双来君不见。生憎帐额绣孤鸾，好取门帘帖双燕。""借问"四句与"比目"四句，用内心独白式的语言，是一唱一和，男有心女有意。通过对男子与舞女二人心思的描写，恰能看出处于繁华都市中年轻人的孤单和寂寞，以及对于爱情的渴望。以下写那些富家的侍女打扮好了，进入"香车""宝马"，随高贵的主人出游了。"妖童宝马铁连钱，娼妇盘龙金屈

---

　　①〔唐〕卢照邻著，李云泽校注：《卢照邻集校注》，北京：中华书局，1998年版，第78页。

膝"写"香车"的车饰,刻龙纹的阖叶等,也能看出长安城中的车马奢华富贵。

"复道""甬道""阁到"均指架于空中的通道,类似于空中走廊,走廊上有窗,可以再于高空或俯视,或远眺,视野开阔,同时起到勾连各个宫殿的作用。他最早见于《墨子·杂守》,"合通守舍,相错穿室。治复道,为筑墉,墉善其上",这里指的"复道"是军事设施,指在军营之间修建的有保护屏障的高架通道。不想被秦国用在都城之中,宫殿之间。

唐都长安的复道丝毫不逊色于秦都咸阳,唐代长安城中复道的线路很长,从坐落在城东北的大明宫到皇城东南的兴庆宫,再从兴庆宫到最南端的曲江池,都有复道。从大明宫到曲江池南北跨过整个城市,从大明宫通向兴庆宫的一段还有一定的曲线。皇帝不用出皇宫就可以直接由复道至城南的曲江游玩。

二、长安洛阳道

长安洛阳道[1],由长安沿渭水南岸东行,经华阴,出潼关,再沿黄河南岸东行至陕城,自陕城以东,离开黄河东行经新安至洛阳。古今皆经此道。

图51　唐大明宫遗址复原图

图52　灞桥

在长安由都亭驿东北行,经由京城通化门十五里,至长乐驿,此驿站位于浐水西岸长乐坡下,为京城东出第一驿,公私迎送多设宴于此。东渡浐水十五里,至滋水驿,该驿又名灞桥驿,因滋水旁有灞水,上有灞桥,故

①处于中古时期的唐代交通比较好描述,不像上古时期,受制于资料的限制,无法翔实得出当时的具体交通线路。同时,唐之后的交通路线、道路又延续唐代,未有过大变革,故本节就以唐代的交通路线为例,做一描述。《唐代交通图考》为严耕望先生史学著作的代表作,是20世纪中国交通史研究的最突出成果,也是这一领域最值得称美的学术成就,就对于以后中国交通史研究的影响而言,也成为学者公认的典范。本节都市间交通线路就依据严耕望先生《唐代交通图考》一书所做出之考订。

名。灞桥为长安东郊名胜,桥红色,以石为柱,出入潼关必经由灞桥,古人出入长安行旅至此感慨油然而生。"南登灞陵岸,回首望长安"是诗人们共同的感慨。

滋水驿东行约三十里至昭应县(今临潼),有昭应驿。骊山在该县东南,温泉在山西北,上建有华清宫。从昭应东行十四五里至汉新丰故县、阴盘故城。再往东北约三里至隋唐时期新丰县(今新丰镇)。从新丰县向东十一二里至戏水店,在戏水西岸,又名戏水驿,或名戏源驿。东渡戏水,经北魏阴盘驿,不到十里即到零口。正为零水入渭水处,零水,一名泠水。距离戏水驿约二十七里,向东至杜化驿,再经十三里到渭南县(今渭南市),再向东十三里至东阳驿,再向东,经十二里至赤水店,又向东二十五里至华州治所华县,华州为长安东面第一州,邮驿繁忙,规模巨大。

图53 骊山雪景

图54 华山(一)

由华州东北行经东石桥十五里至汉沈阳古城城北,再向东十五里至敷水驿(今敷水镇),在敷水西岸。向东北约二十八里至古长城,有长城驿。再向东二里至华阴县(今华阴市)。由华阴县向东经过华岳祠,为祭拜西岳华山之所。向东九里至定城,再由东北经野狐泉店二十六里至永丰仓,此为渭河入黄河之处。有渭津关渡。永丰仓向东四里至潼关。潼关西一里有潼水,北流入渭水,故名潼关。关南依崇山,北临黄河,与风陵堆相对,为风陵津。潼关路"俯视洪流,盘行峻极,实谓天险",为长安东道第一要隘。关开两洞,置门四扇,备出入。关内有驿,名潼关驿,又称关西驿。

图55　华山(二)

　　自潼关东行约五里至黄巷坂,坂长十余里。其地南依高山,旁临绝涧,北临大河,地势险要。又向东南二十五里至阌乡县,北距黄河三里,西临玉涧水。阌乡驿规模壮大。县东南约二十里至盘豆驿(今盘豆镇),临玉涧水。向东约二十八里至湖城县,有湖城驿。

　　湖城向东有南北两道。北道由湖城直向东,沿黄河南岸至灵宝(今灵宝市)。关驿为从湖城县、驿东北沿黄河行六十五里至灵宝县。南道由湖城向东,由城东南行五十二里至虢州治所弘农县,在鸿胪水东南。州治为要道,邮驿要冲。由虢州折而东北,沿鸿胪水行三十里到达灵宝。灵宝县西南十二里有秦函谷关故址。函谷之称,东起崤山,西至潼津,号为天险。秦朝在函谷当中置关。关城路在函谷中,东西十五里,绝岸壁立,林柏荫阴,不见天日。以其深险如函,故名。

图56　函谷关复原图

由灵宝东北行,经曲沃(今曲沃县),七十里至陕州治所陕县(今陕县)。陕城西北四里有太阳故关,即古茅津。贞观十一年曾架浮桥于黄河之上,北渡河至平陆,为南北交通要道。陕县置驿站,名曰甘棠,在治所之南。

陕州至洛阳有两条道路可供选择,一条为正东偏北略沿黄河南岸,经底柱、横水驿,孟州县,至巩义县向东。另一条正东偏南至洛阳。自陕州城正东偏南行十里至安阳故城,再经四十里至陕石县,有陕石驿。陕石向东约二十里至石壕镇(今石壕镇),即杜甫《石壕吏》所作之处。再向东二十里至干壕镇。再向东进入永宁县北境崤坂二陵地区。崤山有东西二山,其道险峻,自古见称,则为崤函之固也。崤坂二陵地区,有胡郭村,在陕州东约一百里。驿道至此地区分为南北二道。北道东入渑池县境,经县治所渑池及新安县到达洛阳。南道向东南经永宁县及福昌县、寿安县,最后到达洛阳。

北道由崤道而东至土壕,约五六十里至渑池县(今渑池县),地名双桥,南临谷水,有渑池南馆。由渑池县向东约十二三里至新安驿,再向东七八里至千秋亭。向东二十里至峡石堡。向东经十里至缺门,因两岸对耸争高,谷水从中流过,故名。再向东十五里至白超垒,在谷水北,左右两山夹立,距离百余步,大道出其中,故为军事要道。再向东南十五里至新安县。从新安而东,八里至函谷关东坂八陡山。再向东南经二十二里至慈涧店,有慈涧镇。东十里渡孝水。再向东四十里至洛阳。

图57　唐代洛阳复原图

南道自崤坂地区分歧东南行至回溪坂,再折而向南,三十六里至永宁县治所鹿桥驿。由永宁县东南行约二十五里至三乡驿(今三乡镇),在洛水北岸,西南隔水,望女几山。又东沿洛水约二十五里至福昌县(今福昌集),有福昌馆。福昌东行十四里至韩城,又向东二十里至柳泉驿。再向东十三里至永济桥,架于洛水上,造舟为梁,长四十丈三尺,宽二丈六尺,为陕洛交通要道。渡洛水,十七里至寿安县,有甘棠馆。向东至甘水口,置甘水驿。此处距寿安四十五里以上。向东二十余里至临都驿,洛阳迎送多在此处。再向东五六里至洛阳城。城内有都亭驿。

三、千里江陵一日还

长江水道及沿岸陆路为中国南方东西交通的重要线路,无论物资运输或军事行旅,皆靠此路,尤其以水运为主。

中古时代,尚以岷江为长江源头,所以,成都府为当时西南部最大都市,也为长江上游最大都市,江陵府(今江陵)为当时中国中部最大都市,也为长江中游最大都市。此两大都市经济繁荣,其间的交通运输主要靠长江上半段水路交通,唐时沿此途置水陆馆驿。路线如下:

1.成都至万州行程

成都正南方向略向西行四十里至双流县(今双流),因其地处两江之间,故名双流,有二江驿。再南四十里至新津县(今新津),有三江驿。并从此地分途:一路西南驿道至雅州(今雅安),并入南诏;一路向南微偏东,为成都至江陵驿路。此道由新津南行五十四里至彭山县,此县为新津大江与成都大江会流之处。所以,如果从成都府东南的合江亭乘舟也能至此与陆路汇合。

图58　岷江

彭山南五十里至鼎鼻山,山形孤起,东临岷江,属军事要地。再向南至眉州治所通义县(今眉山市),在岷江西五里。再向南六十里至青神县,在岷江西三里。再向南二十二里至青神故城。向南二十八里至开峡驿,中经熊耳峡。再向南十二里至平羌县,靠近长江水。李白《峨眉山月歌》有"影入平羌江水流"的诗句。再南十八里至嘉州治所龙游县(今乐山市)。龙游为汉代南安县,青衣江、大渡河合流于城西,东面又与岷江汇合,岷江东岸连山秀丽,青衣江、大渡河水流湍急,汇入岷江,冲击东岸山麓,石崖高耸。开元中僧人海通凿弥勒大像(即今乐山大佛),高三十六丈,面对青衣江、大渡河,形势俊伟,迄今完好。

图59　乐山大佛

自龙游县向南三十里至玉津县,在岷江东岸。向南一百零六里至犍为县(今犍为),在大鹿山南一里,西临岷江,临近有青溪驿。县南有惩非津。成都南来陆路多走岷江之西,至璧玉津渡江至玉津县,行江之东,至犍为县,渡惩非津,又回到岷江西侧。再向南五十四里至义宝县,再一百六十里至戎州。

戎州治所僰道县(今宜宾),在岷江南岸,马湖江(金沙江)北岸,两江夹流,汇流于城东。会昌三年,因大水,迁于岷江北岸。当地长江两大源流汇流,而由乌蒙山脉北流的黑水(南广河)、石门江(小江、横江)两水入长江之口在县东西不远处,众流交汇,为西南交通枢纽之地。由此发端,经黑水、石门江南通滇、黔等地,甚至远达安南(今越南),唐时置戎州都督府,以统西南。

戎州东行十五里至南广水口,再向东三十五里至南溪县(今李庄镇对岸),南临长江,再过七十里至奋戎城(今南溪)。向东四五十里至绵水县,距长江十五里(今江安西)。绵水上下,道中有滩。自绵水县向东一百一十里至江安县(今纳西),北临长江。再东北五十里至泸州治所泸川县。泸州地处绵水入长江之处,南临长江,北距绵水三里,两江汇流于城东,形势与戎州类似。

自泸州县东行一百二十里至合江县(今合江县),地处安乐溪(今赤水河)入长江之口。向东过成濡滩,至牛尾驿,在江北不远处。再向东经万寿县,在江北二里。再向东经七门滩,巨石横于长江之中,一共七处,故名"七门滩"。向东七十里至江津县,在江东一里。自合江县至江津县共约二百七十里。再向东一百二十里至渝州治所巴县(今重庆)。

渝州以下水路入峡路,沿长江东下八里,南岸为涂山,高七里,有禹庙,相传为禹娶妻之处。又向东接石洞峡,再向东,山势峻险,离开渝州八十里,至明月峡,峡南岸壁高四十丈,有圆孔如满月,故名"明月峡"。再东行一百五十里至乐温县(今长寿区西北),再向东南九十五里至鸡鸣峡,再十五里至涪州治所涪陵县(今涪陵)。涪陵县在长江南,涪陵江(乌江)之西,二江汇流于涪陵城东,为入黔的路口,此处长江奔涌而浊黄,乌江安静而清澈,可为一鲜明对比。

自涪州东行,长江中有铜柱滩,最为峻急。滩东有锦绣州。再向东经文阳滩、黄石滩、东望峡,至丰都县(今丰都)。丰都南临长江,北靠平都山,为道教胜地,仙都观中多有古人题刻。自丰都县东北行百余里至忠州治所临江县(今忠县)。州西二里有虎须滩,石梁三十余丈横截长江之中,夏季滩水广大,无法横渡。自临江县向东行约五十里,长江中有黄华浦(今皇华洲)。再向东五十里至石城(约今石宝寨),四面绝壁,南面长江。再向东约三十里至武宁县(今武陵),亦南临长江。再向东北约七八十里至壤涂(今瀼渡场),长江中有湖滩,水势湍急。再五六十里至万州治所南浦县(今万州)。

万州东临长江,隔长江有岑公岩,广六十余丈,深四十余丈,形状如华盖,下有山洞,以清静幽深取胜。城南三里长江中有千金岛,高数丈,屹立中流。上游十里有新妇滩,因北岸崖壁间隐约出女子脸型而得名。成都与江陵间交通主要以沿长江、岷江水路为主,然而万州以上至成都,江流曲折弓形,迂回甚远,故古人于成都与万州间往往取陆路而行,万州以下往往沿长江而行。

2.万州至夔州行程

万州向东六十里至彭溪口(今双江)。再向东约五六十里至万户城,再向东三十里至云安县(今云阳)。云安县西三里有博望滩,县东五里有下瞿滩。县里设馆驿。沿长江自忠州至归州皆产盐,而以云安为最盛,故云安县

商贾云集,繁华富庶。

自云安东行一里至汤口,为汤溪水(今东瀼河)入长江处,溪流两翼一带有盐井百口之余,产盐为盛,粒大者方寸,状如张伞,故名"伞子盐",汉代以来置盐官于此。再向东经东阳峡,有东阳滩、落牛滩,至巴乡村南,约三十里。向东八十里至南乡峡,再向东四十七里至夔州。

图60 白帝城所在的长江夔门

夔州地处长江三峡上游入口,自古为军事重地。其治所在瞿塘峡口滟滪堆北侧山崖白帝山(今奉节东十三里)、赤岬山(今奉节东十五里)上。两山对峙,赤岬高大在北,白帝在南,临江石壁高峻。汉代鱼复故城在白帝山上,城周长二百余步,公孙述改名为白帝城。又在赤岬山筑赤岬城,周长七余里。两城南北地基相连,共享山势峻险。唐代夔州治所在古赤岬城,而民居与白帝城相连,然而人们多统称为"白帝城"。白帝城东临东瀼溪(今铁柱溪),高二百余丈;西南临长江,高近千丈,下望而眩目。白帝城东南上至白帝庙、越公堂,下临瞿塘波涛。城西约十里为大瀼溪口(今分水河)。其间平地可达二十余里,江山辽阔,入三峡后再无此宽阔之景色。刘备筑永安宫城在瀼西一里,有武侯庙。宫城南临长江,东南江中滩上有诸葛亮故垒及八阵图,纵横百丈,夏季被江水淹没,冬季复出。夔州首县名"奉节",在州城西四里瀼东地区(今县东约六七里)。附近有先主庙,庙东有瞿塘驿。夔州城为长江上游重镇,户口甚多,人烟稠密。

图61　白帝城正门　　　　　　　　　　　　图62　早发白帝城

3.三峡行程

夔州城南江中有滟滪堆,正处瞿塘峡口,也叫广溪峡,为三峡之首。两岸壁立千仞,上入云霄,中豁一口,江流灌注,汹涌澎湃,为航行之最险恶处。经过瞿塘滩、黄龙滩共十五里至大溪口,方可放心。在瞿塘险途中,有瞿塘关,为古代江流用兵之处。大溪口东五里至虎须滩。

再向东至巫山县(今巫山),因为离开夔州八九十里处东面有巫山,故名。巫山县西北二百步有楚王宫,在阳台古城内。阳云台高一百二十丈,南枕长江,相传为楚王游历之处,巫山县东有巫溪盐水(今大宁河),源远流长,旁有盐井,向南注入长江。盐水口东行便进入巫峡,巫峡长约百六十里,为长江三峡最长峡。峡中滩多险急,更有甚于瞿塘

图63　巫山云雨

峡。进入巫峡三十五里,经过新崩滩,到达神女祠,亦名朝云庙,在长江南侧,即是神女馆。大巫山十二峰皆在北岸,为三峡中最高峰。峰下为琵琶峡,因为水流激声音清而得名。两岸山脚直插江中,上入云霄,行船峡中,抬头仅看到数尺苍天,两岸风光绮丽奇绝,山高且峻,水流复深,多云雨聚集,所以有很多云雨神话故事产生。古人经过多有题作。

神女馆向东约一百二十里至巴东县（今巴东县西十五里）。再向东约四十里至石门滩，滩北岸有山，上合下开，称为"石门"。再向东约四十里至归州治所秭归县。秭归为汉代旧县，故归子国。相传此城为刘备所筑，故又称刘备城。唐代置州，有馆驿。秭归东七里有丹阳故城，周八里余，东北两面临绝涧，南临长江，险峭壁立。向东有夔城，南临长江。丹阳对岸也有故城，北岸诸城相近相传有屈原田宅、宋玉宅、昭君村等古迹。

香溪向东约十里至白狗峡，两岸峭壁如削，峭壁上隐约有白石如狗形，而得名。又向东经空舲峡，山高峻，水湍急，所谓空舟乃可通过。再向东经太清镇，距白狗峡约五十五里。向东经流头滩，水流奔腾。再十里经宜昌县故城北，又向东经狼尾滩（今宜昌西约九十里），狼尾滩上有安蜀故城。再向东经鹿门之险至黄牛滩，黄牛滩在黄牛山下，一名黄牛峡。两岸最外高崖间有石如人负刀牵牛状，故名。崖高而水流湍急，故行者歌谣："朝发黄牛，暮宿黄牛；三朝二暮，黄牛如故。"

向东进入西陵峡。西陵峡长二十里，下至下牢镇出峡。下牢镇设置关隘，相近有三游洞，在下牢溪口之内，为元稹、白居易等人所发现，故名。向西，南岸山上有蛤蟆碚，有泉水出于石上，被陆羽评为天下第四泉，为登临之胜境。

自夔门至下牢镇出三峡，共五百余里，古称七百里。峡中以三峡最著名，故称"三峡"。自夔门至巫山县为瞿塘峡一段，峡危险处在滟滪堆十余里地段；自巫山东经巴东县至秭归为巫峡一段，高处在神女馆、巫山十二峰地段；自秭归至下牢镇为西陵峡一段，有白狗、黄牛两峡，高险处在空舲、黄牛地段。纵观整个五百余里的三峡地段，随处都有危险。三峡上口与下口海拔落差极大，河床又不平，常有大石突兀立于水中，长江水又流量极大，故危险至极，尤其在夏天，水位变化极大，同一地段，数小时中，水位落差达数丈，行船极易翻覆。

然而，路途虽险恶，但是沿途风景奇绝。北魏郦道元水经注："自三峡七百里中，两岸连山，略无阙处。重岩叠嶂，隐天蔽日。自非亭午夜分，不见曦月。至于夏水襄陵，沿溯阻绝，或王命急宣，有时朝发白帝，暮到江陵，其间千二百里，虽乘奔御风，不以疾也。春冬之时，则素湍绿潭，回清倒影，绝巘多生怪柏，悬泉瀑布，飞漱其间，清荣峻茂，良多趣味。每至晴初霜旦，林寒涧肃，常有高猿长啸，属引凄异，空谷传响，哀转久绝。故渔者歌曰：'巴东三峡巫峡长，猿鸣三声泪沾裳！'"可谓状三峡景色于眼前：瞿塘峡的雄伟、西陵峡的秀丽、巫峡的高耸，水流湍急，草木茂盛，壁立千仞，云雾缥缈，确是祖国优美壮丽风光的代表。

4.峡州至江陵行程

下牢东南下行,经过步阐故城城南,向东,共二十八里至峡州治所夷陵县,在长江北岸。周武帝以夷陵地扼守三峡之口,置峡州,隋唐承袭。设有夷陵水馆,又叫津亭,渡口叫西陵渡。夷陵东南三十里至荆门、虎牙二山之间,荆门在长江南岸,上合下开若门形状,虎牙在长江北岸,石壁色红,间杂有白文如牙。江中有虎牙滩,水势急峻。再向东南三十里至宜都县(今宜都市),在长江之南,为夷水入长江之入口,县北滨江有合江亭,为饯别之所。

自宜都县向东南行一百里至枝江县(今枝江市),县在百里洲上,长江水于洲头分别而流,南为外江,北为内江,县城在外江北九里。有南亭。循内江东至荆州治所江陵县(今江陵),共一百二十里。若沿外江,约四十里至松滋县(今松滋),在外江南一里。江上有松滋渡,为官渡,是长江南北重要的渡口。再向东稍偏北一百里至江津,津南为马头岸,津北为沙头市(今沙市)。沙头为江陵城南之滨江码头。沙市为南北津渡之要冲。再向北沿大堤行十五里至荆州江陵府治所江陵县城。

江陵县城自楚以来则为长江中游的大都市,唐代为南方人口常逾百万的大都市,长江东西水运与华北岭南陆路交汇于此,成为当时中国舟车聚集之地,故馆驿甚多,为一交通重要枢纽。

驼铃遥绕千山川

唐代丝路的鼎盛

一、条条大路出葱岭

西汉时期由张骞首次打通的通往西域之路,被称为"凿空之旅",西汉末年,在匈奴的袭扰下,道路中断。公元73年,班超又重新打通隔绝了58年的西域,并将这条路线首次延伸到了欧洲,到达罗马帝国。罗马帝国也首次顺着该道路来到当时东汉的都城洛阳。在通过这条漫漫长路进行贸易的货物中,以中国的丝绸最具代表性,"丝绸之路"因此得名。

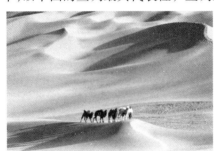

图64 丝路风光

丝绸之路一般可分为三段,而每一段又都可分为北、中、南三条线路。

东段:从洛阳到西安市至玉门关、阳关。东段各线路的选择,多考虑翻越六盘山以及渡黄河的安全性与便捷性。三线均从洛阳、长安出发,到武威、张掖汇合,再沿河西走廊至敦煌。其中又分为北线:从泾川、固原、靖远至武威。中线:从泾川转往平凉、会宁、兰州至武威。南线:从凤翔、天水、陇西、临夏、乐都、西宁至张掖。

中段:从玉门关、阳关以西至葱岭。南道(又称于阗道):东起阳关,沿塔

克拉玛干沙漠南缘,经若羌(鄯善)、且末、尼雅(精绝)、和田(于阗)、莎车等
至葱岭。中道:起自玉门关,沿塔克拉玛干沙漠北缘,经罗布泊(楼兰)、吐鲁
番(车师、高昌)、焉耆(尉犁)、库车(龟兹)、阿克苏(姑墨)、喀什(疏勒)到费
尔干纳盆地(大宛)。北道:起自安西(瓜州),经哈密(伊吾)、吉木萨尔(庭
州)、伊宁(伊犁),直到碎叶。

长安　今陕西西安西北	大宛　在今中亚费尔干纳盆地
大月氏　在今阿姆河流域	阳关　今甘肃敦煌西南
葱岭　今帕米尔高原和喀喇昆仑山	奄蔡　在今咸海至里海一带
故楼兰　今新疆罗布泊西	康居　在今中亚哈萨克斯坦南部及
大夏　在今兴都库什山与阿姆河之间	锡尔河中下游
身毒　古代印度	玉门关　今甘肃敦煌西北
鄯善　今新疆若羌	条支　在今伊拉克一带
大秦　古代罗马	西域都护府　治所在今新疆轮台东
安息　在今伊朗高原和丽河流域	

图65　丝绸之路示意图

　　西段:从葱岭往西经过中亚、西亚直到欧洲。自葱岭以西直到欧洲都是
丝绸之路的西段,它的北、中、南三线分别与中段的三线相接对应。其中经
里海到君士坦丁堡的路线是在中唐时代开辟的。北线:沿咸海、里海、黑海
的北岸;经过碎叶、怛罗斯、阿斯特拉罕(伊蒂尔)等地到伊斯坦布尔(君士坦
丁堡)。中线:自喀什起,走费尔干纳盆地、撒马尔罕、布哈拉等到马什哈德,
与南线汇合。南线:起自帕米尔山,可由克什米尔进入巴基斯坦和印度,也
可从白沙瓦、喀布尔、马什哈德、巴格达、大马士革等前往欧洲。[①]
　　下面根据严耕旺先生的《唐代交通图考》将丝绸之路中国部分的路线述
之如下:

---

①参见杨度:《永远的丝绸之路》,载《中国编织》2008年7月。

1.长安西出凉州路线

长安出凉州(今武威)主要有两路可取,一是经凤翔府(今凤翔)、陇县(今陇县)、秦州(今天水)、渭州(今陇西)、临州(今临洮)、兰州(今兰州、皋兰)。是为秦州路。一为从长安出发经邠州(今彬县)、泾州(今泾川)、原州(今固原)、会州(今靖远北)及乌兰县的乌兰关,是为乌兰路。二路路次如下:

(1)秦州路路线

由长安都亭驿西出开远门约二十里至中渭桥,渡渭水。开远门为长安西北第一门,立牌"西极道九千九百里"示旅人。据中渭桥置临皋驿,为西行第一驿站,公私送迎多设宴饯别于此。西经望贤宫十二里至咸阳县,置陶化驿。咸阳县在渭水北三里。咸阳西行五十里,中途经过温泉驿至始平县,在渭水北二十九里。至德二年改名兴平县,有槐里驿。再向西行二十里至马嵬店,有马嵬驿(今马嵬)。再向西经望苑驿三十里至武功县(今武功),有馆驿。再向西七十里至扶风县(今扶风),有馆驿。再向西三十里至龙尾驿。再向西二十里至岐山县(今岐山),在渭水北三十里,有石猪驿。向西五十里,中途经过横水至岐州、凤翔府治所雍县(今凤翔)。凤翔府为长安西重镇,东西各建关城。凤翔府南有驿道通向汉中与剑南,又有通秦州、凉州驿道,故为西北、西南交通枢纽。有漆方亭,为饯别之所。

自凤翔出发,向西微偏北七十里至汧阳县,在汧水北二里,再向西沿汧水河谷而上,八十里至陇州治所汧阳县,在汧水北岸(今陇县),有驿馆。陇州向西三十里至安戎关,依山临水。再向西三十里至大震关,后称故关,为汉以来旧关。地处陇山重岗,为陇山东西交通要道。

大震关向西五十里至小陇山分水岭,有分水驿。为此处最高。向西南约一百零五里,中途经过弓川寨至清水县,清水西南一百二十五里至秦州治所上邽县(今天水),在渭水南十三里,馆驿宏壮异常。自陇州以西至清水县行陇坻山区之大震关、分水岭道,至此秦国初期已开通,西汉末期已置关。古称陇坻大坂道,"其坂九回,上者七日乃越"。不但隔阂华戎,而且东西气候亦殊,故东人登顶,回望秦川,往往感发兴悲。盛唐时期,西出陇右者取此道为多,如岑参赴安西,王维赴张掖,高适赴武威,杜甫赴秦州,皆由此路。此陇坻置驿之大道,由分水岭向西南,循清水河而下,经清水县抵达秦州。

自秦州向西循渭水而上一百二十里至伏羌县(今甘谷),在渭水南一里。再向西四十里至落门川。再向西稍北约九十里至陇西县(今陇西、武山两县间),南临渭水。再向西北五十里至渭州治所襄武县(今陇西东五里)。

在渭水西南岸。渭州向西有西北、西南两驿道。西南行三百里至岷州,再向南行经洮州、叠州至松州。有三交驿,在鄣县西七十里。为渭州、岷州中间一驿。渭州向西北行九十里至渭源县,有渭源镇。再向西北行一百里至临州、临洮军之治所狄道县,在洮水东岸。渭源、狄道一百里间皆行走在鸟鼠山北侧。

由狄道北行,略沿洮水河谷而下,经长城堡,越沃干岭(皋兰西南至临夏间),折入阿干河谷,约一百九十里至兰州治所五泉县,一名金城县,在黄河南二里,有金城镇、临河驿。向北渡河出金城关,正北微西循逆水河谷(今庄浪河)而上,行二百二十里至广武县(今永登东南之庄浪),在逆水东北二十里。又约二百里至昌松县(今古浪西),向西北,越洪池岭(今武威东南),共一百二十里至凉州治所姑臧县(今武威)。

(2)乌兰路路线

长安西北行亦经临皋驿,咸阳县驿。由咸阳西北行约八十里至醴泉县(今礼泉县),有醴泉驿。又四十里至奉天县(今乾县东),有奉天驿。奉天当西北通道之要,唐代中叶,西北有事,常置重兵于此。由奉天向北,经漠谷(今乾县北),甚险隘,越梁山(今乾县西北五里),经五十里至永寿县新址(今永寿县南二十里),有驿。又十里至永寿县贞观旧址,又二十里至麻亭驿(今麻亭县),再六十里至邠州治所新平县(今彬县)。邠州西北略经泾水河谷上行,八十里至宜禄县(今长武)。宜禄向西五十里至长武城,在泾水南岸。自长武向西四十里至折墌城,再十里经泾州治所安定县,在泾水西一里。泾州地势平敞,置泾原节度使以重兵镇守。与邠州同为长安西北门户。

由泾州向西稍偏北行,经连云堡一百里至阴盘县(今平凉东四〔三〕十里),在泾水北一里。从此向西约六十里至平凉县旧治阳音川。平凉再向西北行三十五里至胡谷堡,堡西道入弹筝峡,约三十五里。自邠州以西略循泾水河谷而上,至此峡,近水源,"群山怒起,路随峰转,绕行涧底",形势奇险,水声激荡如弹筝,故名。今名瓦亭峡。

泾州至原州为西出之主干道,亦有驿道。自泾州西北行九十里至临泾县(今镇原西二里),临泾向西一百数十里至百泉县(今平凉西北八十里),又向西九十里至原州治所平高县(今固原)。原州地处陇山尾端,六盘山北麓,泾水发源于此,向东南流淌;高平川(今清水河)亦发源于此,向西北流,黑水(今长源水)、瓦亭川(陇水)亦缘原州西南境而南流,故此地为泾水、渭河、黄河间之最高处,但地势坦荡,所以,从汉代以来,便有"高平"这个名字了,后又有"原州"的称呼。

驼铃遥绕千山川
唐代丝路的鼎盛

由原州向西北经九十里至石门关，再向西经一百八十里至河池，再向西一百二十里至会州治所会宁县，在黄河东岸。会州为四会之地，南至原州四百里，西至凉州六百里，北至灵州(今灵武)六百里，东至盐州(今盐池)八百里，西南至兰州三百八十里，为交通枢纽，亦为中古时代西北一丰实地区。

由会州沿黄河东岸西北行一百八十里至会宁关，渡河而西至乌兰关，为乌兰县治(约为今景泰东)。此二关为通西域之重要通道，所以两关有五十艘船以待行旅。乌兰向西二十里至新泉军，唐时统兵七千人，为边防大军之一，为护守关津而设置。新泉向西四百里至凉州治所姑臧县(今武威)。

2.凉州西通安西路线

凉州(今武威)为盛唐时代西北地区政治、军事、经济、文化之中心，极为繁荣。安西督护府(今库车)则是唐前期中央控制西域之总部。两地相去五千里，由道路相通，为唐代西域中亚之交通要道，也是唐代控制西域中亚的工具。故此路为当时国际交通第一重要路线，全程皆有馆驿。

自凉州西北行一百八十里至天宝县(今永昌西)。向西北越删丹岭，为凉州、甘州路途中之最高处。北魏前期已见此岭名，为军事要道。再西行经汉日勒故城，共两百里至删丹县(今山丹县)，在焉支山北五十里，弱水之北，有删丹镇。

删丹向西一百二十里至甘州治所张掖县(今张掖)，在弱水(今张掖河)南二十三里。甘州南经大斗拔谷通鄯州(今西宁)，可至吐蕃，北达居延至回鹘衙帐，为河西重镇之一，刺史兼充河西节度副使。置张掖守捉，有兵六千三百人。州南有巩笔驿。

甘州西行一百九十里至建康军(今高台西南)，管兵五千二百人。军在祁连山北麓。再向西，经过盐池(今明海湖)之南，一百一十里至福禄县(今新桥堡)，再向西北一百里至肃州治所酒泉县(今酒泉市)。置酒泉守捉，酒泉西南八十里有昆仑山，相传为周穆王会西王母之处。东北四十里有白亭海，为众水所会，为今临水堡地区。

肃州西稍北七十五里至故玉门关，关在南北山间。约在今嘉峪关西的黑山之下。五代时叫天门关，北宋时复名玉门关。再向西约一百二十里至玉门县，唐代前期置玉门军，以肃州刺史兼任，管兵五千二百人。

玉门关向西约六十五里至常乐县(今瓜州县西)，在苦水之北，置常乐驿。常乐西至沙州(今敦煌)有南北两条驿道。南道由常乐县、常乐驿西南行四十五里至鱼泉驿，在苦水之北。再向西行二十五里至黄谷驿；再向西行四十里至空谷驿，在空谷山南；再向西三十里至无穷驿，在无穷山。再向西三十五里至其头驿,再向西行二十五里至东泉驿;再向西四十里至沙州治所州城驿,在州城东二百步。此为南道。北道由常乐驿正西行三十里至阶亭驿,在阶亭烽侧,苦水之北,再向西北二十五里至甘草驿,再向西二十五里至长亭驿,在长亭烽下,再西南四十里至白亭驿,在白亭烽下,再向南二十里至横涧驿,再向西南二十里至神泉驿,再西南四十里至沙州州城驿。北道行程共二百里,大略沿烽戌建置。

沙州城(今敦煌)内有豆庐军,管兵四千五百人。瓜州、沙州两州各有道通伊州(今哈密)。瓜州通伊州道路如下:由瓜州常乐驿西北行二十七里至新井驿;再向西北一百五十一里经过广显驿至乌山驿;再向北六十九里至双泉驿;再向北六十四里至第五驿,即依第五烽而建。再向北入莫贺延碛,再向北六十八里至冷泉驿,再八十四里至胡桐驿,再八十里至赤崖驿,在伊州柔远县西南境。再向西北二百四十余里至伊州治所伊吾县,距瓜州九百里。

沙州通伊州道路如下:由沙州州城驿西北行,一百一十里至兴胡泊,再一百三十二里至河仓城,再三十里至玉门故关城,又折北行六十六里至咸泉戌,为沙州、伊州二州分界处。再向北至稍竿馆,再向北至伊州治所伊吾县,距沙州七百里。

伊州西至西州有南北两道。北道由伊州西行经益都,共一百二十里至纳职县。此道置馆驿,有神泉、达匪、草堆、罗护、赤亭等馆驿。南道也经过纳职县,由县西行渡大患鬼魅碛,"地无水草,载粮以行,凡三日至鬼谷口避风驿",再西行至赤亭驿与北道合并。

唐高宗永徽二年置安西都护府,治高昌县,显庆三年,移治龟兹国。西州高昌县向西行,经南平城、安昌城一百五十里至天山县,约在今托克逊。由天山县西南行七十里入谷,"两岸壁立,人行其间,如一线天,为古车师国西境关隘"。入谷经镭石碛、阿父师泉二百二十里至银山碛,有碛西馆。再向西四十里至吕光馆。再经磐石一百里至张三城守捉。再向西南经新城馆,渡淡河,一百四十五里至焉耆镇城(今焉耆县),为焉耆国首都,群山环绕,极为险固,为安西四镇之一。

在焉耆向西渡大河向西南行,约一百五十里至铁门关。道路狭长,两侧石壁悬崖,高数十丈,极险峻。自铁门关向西一百二十里至于术守捉城,再二百里至榆林守捉城,再向西五十里至龙泉守捉城,再向西六十里至东夷僻守捉城,再七十里至西夷僻守捉城,再六十里至赤岸守捉城,再一百二十里至龟兹国(今库车),有安西都护府。

交通变迁与城市发展·交通

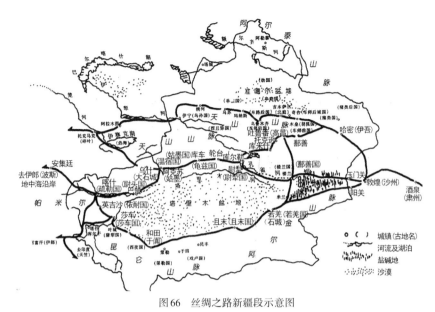

图66　丝绸之路新疆段示意图

　　龟兹国都城周长十六七里,于高昌以西至葱岭间最大国,也是唐代四镇的中心,所以安西都护府经常设治于此。统领四镇兵两万四千至三万人。

　　唐代繁盛之时,全程从长安出发经凉州至安西都护府皆设驿站,为长安西通西域中亚的大通道。加急文书,一月内即可送达。虽路途有极险恶者,不算平坦,但往来旅客甚多,商业贸易发达。西域中亚诸国使臣来往络绎不绝,而唐人借此道抵达西域中亚、实现对西域中亚的控制也自不待言。

二、"西游"与"东渡"

1.玄奘"西游"

　　丝绸之路开辟之后,玄奘可成为唐代丝路上的明星,为中西交通做出巨大的贡献。

　　玄奘姓陈,名祎,原籍河南陈留(今开封),隋文帝开皇二年(600年)出生于洛州缑氏县游仙乡控鹤里凤凰谷陈村。幼年聪颖不凡,出身儒学世家,受儒风熏染,攻读经书,非圣人之术不观。五岁时母亲去世,十岁时,父亲去世。玄奘已出家的二哥看到玄奘有佛性,便将他带入道场,让玄奘诵读经文。这样,玄奘在十一岁时就能熟读《维摩诘经》《妙法莲华经》。十三岁时,在洛阳被破格录取为僧人。唐高祖武德三年(620年),玄奘在成都受"具足戒"。武德七年(624年)离开成都,沿江东下,到荆州、扬州等地讲演、学习。贞观元年(627年),玄奘重游长安学习外国语文和佛学。前后遍访佛教名师,研讨经论,造诣日深。因感各派学说分歧,难得定论,便决心至天竺学习佛教。

唐太宗贞观元年(627)秋,玄奘陈表,请允西行求法。但未获批准。然而玄奘决心已定,这年秋天,关东、河南、陇右诸州发生饥荒,朝廷允许各地百姓到丰收的地方求食,这是玄奘出行西域的绝好机会,这年八月,玄奘乃"冒越宪章,私往天竺",只身启程,踏上了遥远的西域之路。

玄奘离开长安后,经秦州(甘肃天水)、兰州(甘肃兰州),抵达凉州(甘肃武威)。后通过河西走廊到达瓜州(甘肃安西),出玉门关。出玉门关便进入今新疆罗布泊一带的沙漠地带,玄奘于茫茫沙海中独行,狂风扑面、口渴饥饿均无所畏惧,唯心中默念《般若心经》而已。在经历了艰苦卓绝的漫旅之

图67　玄奘负笈图

后,玄奘终于越过大漠到达伊吾国(新疆哈密)。高昌使者正在伊吾国,得到玄奘东来的消息,飞报高昌国王,高昌国王闻讯后,令王公大臣在驿路迎接玄奘。玄奘本可选择其他道路,但高昌国王的盛情难却,贞观二年(628年)正月,玄奘到达高昌城(新疆吐鲁番),受到高昌王麴文泰的礼遇,并结为兄弟。

后经龟兹(新疆库车)、凌山(耶木素尔岭,在新疆阿克苏乌什城西北)、素叶城(又名碎叶城,在今吉尔吉斯斯坦的托克马克城西南)、飒秣建国(今撒马尔罕城之东)、葱岭、铁门。到达都货罗国故地(今葱岭西、乌浒河南一带)。南下经缚喝国(阿富汗北境巴尔赫)、揭职国(今阿富汗加兹地方)、大雪山,到达梵衍那国(阿富汗之巴米扬),该国尽在雪山之中,风俗粗犷,道路艰险。随后到达迦毕试国,其国国王为刹帝利种姓,信大乘佛教,玄奘到来时他携全城僧侣出城迎候,玄奘在此说法五天,有问必答,受人钦佩。

离开迦毕试国后,玄奘进入古印度境内,到达犍陀罗国(巴基斯坦白沙瓦和拉瓦尔品第地区),佛教不少大德都在这里出生,如无著大师、世亲大师等,但当玄奘抵达这里时,这里人口稀少,很少有人信佛教了。

随后玄奘经过气候寒冷的乌仗那国(巴基斯坦的斯瓦特邦),到达迦湿

驼铃遥绕千山川
唐代丝路的鼎盛

弥罗国。贞观二年（628年），玄奘抵达王城，这里有阿育王弘扬佛法时所建的四座宝塔，宏伟壮丽。在此玄奘随各位大德学习经论，尽得精华。

此后，玄奘又分别到磔迦国（今巴基斯坦旁遮普地区）、至那仆底国（今印度北部之菲罗兹布尔地区）、阇烂达罗国（今印度北部贾朗达尔）、窜禄勤那国（今印度北部罗塔克以北地区）、秣底补罗国（今印度北部门达沃尔）、曲女城（今印度恒河西岸之勒克）从不同佛教大师学习佛法。

贞观五年（631年），玄奘抵达摩揭陀国的那烂陀寺（今印度比哈尔邦巴特那西北七英里的巴腊贡村）。那烂陀寺规模宏大，建筑壮丽，藏书丰富，学者辈出，是古代印度的最高学府，并且胸怀博大，能容纳来自异域的求学者。玄奘在那烂陀寺历时五年，备受优遇，并被选为通晓三藏的十德之一。

图68　那烂陀寺遗址

贞观十年（636年），玄奘离开那烂陀寺，周游印度，先后到伊烂钵伐多国（今印度北部蒙吉尔）、萨罗国、安达罗国、驮那羯磔迦国（今印度东海岸克里希纳河口处）、达罗毗荼国（今印度马德拉斯市以南地区）、狼揭罗国（今印度河西莫克兰东部一带）、钵伐多国（约今克什米尔的查谟），访师参学，后于贞观十三年（639年），重返那烂陀寺。

玄奘游历印度诸邦，遍访高僧大德，学习经律，兼容并蓄，深为戒贤赞赏，回寺后，戒贤嘱玄奘为那烂陀寺僧众开讲《摄大乘论》《唯识抉择论》。适逢中观清辨一系大师师子光也在那里讲《中论》《百论》，反对法相唯识之学。于是玄奘著《会宗论》三千颂，以调和大乘中观、瑜伽两派的学说。《会宗论》刊成后，师子光十分羞愧，寻东印度另一名师前来助阵辩难，谁知那人抵达那兰陀寺后,慑于玄奘声名,竟不敢发言,玄奘声名更加卓著。

接着玄奘与戒日王会晤,并得到礼遇。戒日王决定以玄奘为论主,在曲女城召开佛学辩论大会,在五印十八个国王、三千多个大小乘佛教学者和外道两千多人参加。当时玄奘讲论,任人问难,但无一人能予诘难。一时名震五印度,被大乘尊称为"摩诃耶那提婆"(大乘天),被小乘尊称为"木叉提婆"(解脱天)。戒日王又坚请玄奘参加五年一度,历时七十五天的无遮大会。会后归国。

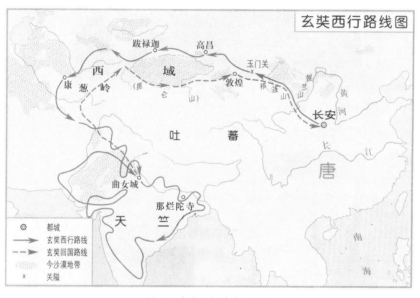

图69　玄奘西行路线示意图

贞观十九年(645年)正月二十五日,玄奘返抵长安。史载当时"道俗奔迎,倾都罢市"。尔后留长安弘福寺译经,由朝廷供给所需,并召各地名僧20余人助译,分任证义、缀文、正字、证梵等职,组成了完备的译场。

贞观二十年正月,玄奘口述由辩机笔受完成《大唐西域记》。此后又奉敕将《老子》《大乘起信论》译作梵文,传于印度。二十二年五月译出《瑜伽师地论》100卷,并请太宗做经序。十月,译出《能断金刚般若波罗蜜多经》。

不久,大慈恩寺落成,玄奘遂奉敕入住任上座,并悉心从事翻译佛经。永徽三年(652),奏请建塔以安置经像,经敕许,乃于大慈恩寺西院营建雁塔。玄奘"亲负箕畚,担运砖石,首尾二周(年),功业始毕"。显庆五年(660年),始译《大般若经》。至龙朔三年(663)终于译完这部多达600卷的巨著。此后,玄奘深感身心日衰,及至麟德元年(664),译出《咒五首》1卷后,遂成绝笔。同年二月逝世。在佛教史上,玄奘是汉传佛教史上最伟大的译经

驼铃遥绕千山川
唐代丝路的鼎盛

师之一,中国佛教法相唯识宗创始人;在东西交通史上,玄奘不畏艰险,只身一人西行,从唐度长安直抵印度,为人景仰,其所撰的《大唐西域记》记载了玄奘初赴印度所经之地,即今天的新疆和中亚广大地区的交通线路;返国途中经行的帕米尔高原和塔里木盆地南缘诸国概况。同时有对五印度的各国概况:

图70 《大唐西域记》书影

包括国名、地理形势、幅员广狭、都邑大小、历时计算法、国王、族姓、宫室、农业、物产、货币、食物、衣饰、语言、文字、礼仪、兵刑、风俗、宗教信仰以及佛教圣迹、寺数、僧数、大小乘教的流行情况等内容。甚为详尽,为当时的东西交通提供了翔实的第一手资料,也为今日研究印度以及中亚等地古代历史地理之重要资料。

图71 今西安大雁塔前玄奘塑像

2.鉴真"东渡"

鉴真俗姓淳于,唐垂拱四年(688年)出生,扬州江扬县(江苏扬州)人。扬州地处大运河枢纽,是海路交通要冲,自古繁华,寺院众多,鉴真十四岁时在扬州出家。景龙二年(708年),鉴真到长安受具足戒,随后在长安、洛阳研习三藏,此后返回故乡,弘法布道,普度众生,享誉东南。

天宝元年(742年),日本留学僧荣睿、普照到达扬州大明寺拜见鉴真,恳请鉴真东渡日本传授"真正的"佛教,为日本信徒受戒。当时的日本处于圣武天皇统治时期,圣武天皇非常崇信佛教以及中国的皇帝,曾仿照中国设立官寺,在京城奈良建金光明寺(东大寺),各地设立分光明寺,寺内有《金光明经》《妙法莲花经》《大般若经》等抄本,僧尼甚众。同时,圣武天皇也非常重视派遣人员到中国学习,留学僧荣睿、普照就是日本天平五年(唐开元二十一年,733年)随日本国第九次遣

图72 鉴真像

唐使出发的。此时他们已在中国生活了十年,听闻鉴真为真正的高僧大德,便恳请鉴真东渡日本弘扬佛法。鉴真询问大明寺众僧,有愿意应此邀请者,同去日本传法。众僧考虑日本远隔大海,行程艰难,都"默然无应",然而鉴真表示"是为法事也,何惜生命? 诸人不去,我即去耳",决意东渡。受到鉴真的鼓励,表示愿意随鉴真同往的还有祥彦、道兴、道航等二十一人。

天宝二年(743年)四月,鉴真准备东渡。第一次东渡,鉴真及弟子二十一人,连同四名日本僧人,到扬州附近的东河既济寺造船,当时日本僧人手中持有宰相李林甫从兄李林宗的公函,因此地方官扬州仓曹李凑也加以援助。不料鉴真一位弟子道航提出,东渡日本传法,必须学问渊博,品行端正,"人皆高德行业肃清。如如海等少学可停却矣",如海大怒,便诬告鉴真一行造船是与海盗勾结作乱,准备攻打扬州。当年海盗猖獗,淮南道采访使班景倩闻讯大惊,派人拘禁了所有僧众,虽然此后事情得以澄清,人员放出,但是没收船只,第一次东渡就此夭折。

天宝二年(743)年十二月,在做出周密筹备——鉴真出钱购买了岭南道的一条军船、雇用了十八名水手,准备了大量的佛像、食品、药品、香料等货物后,鉴真等十七僧(包括潜藏下来的荣睿、普照),一百余人第二次出发。结果尚未出海,便在长江口的狼沟浦遇风浪沉船。鉴真一行在岸上将船修好后仍决定第三次出发,然而刚一出海,又遇大风,在舟山海面触礁,五日后众人方被救,转送明州(浙江宁波)阿育王寺安顿。开春之后,越州(浙江绍兴)、杭州、湖州、宣州(安徽宣城)各地寺院皆邀请鉴真前去讲法,第三次东渡遂结束。

鉴真回到了阿育王寺后越州僧人得知,为挽留鉴真,他们向官府控告日本僧人潜藏中国,目的是"引诱"鉴真去日本。于是官府将荣睿投入大牢,遣送京

驼铃遥绕千山川

唐代丝路的鼎盛

城,到杭州时因荣睿病危,方被释放。鉴真十分欣赏荣睿求法的精神,想成全他们。天宝三载(744年),鉴真决定从福州买船买粮,第四次东渡。不巧刚走到温州,便被截住,原来鉴真留在大明寺的弟子灵佑担心师父安危,苦求扬州官府阻拦,淮南采访使遂派人将鉴真一行截回扬州,第四次东渡不了了之。

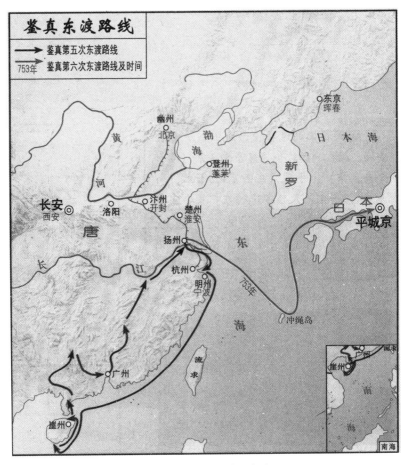

图73 鉴真东渡路线示意图

天宝七载(748年)冬,荣睿、普照再次来到大明寺恳请鉴真东渡。鉴真即率僧人、工匠、水手,六月从崇福寺出发,第五次东渡。但一路因风浪走走停停,出长江后鉴真一行在舟山群岛一带停留了数月才出海。在东海上,船只又遭到强大北风吹袭,连续漂流半个多月才到陆地,上岸后发现已经漂流到了振州(海南三亚),遂入大云寺安顿。鉴真在海南停留一年,为当地带去了许多中原文化和医药知识。之后,鉴真北返,经过万安州(海南万宁)、崖州(今海南海口)、雷州、梧州到达始安郡(广西桂林),经过广州、庐山、江州

（江西九江）、润州江宁县（江苏南京），回到了扬州龙兴寺。第五次东渡结束。至此，鉴真游历了多半个中国，声名大噪。

　　天宝十二载（753年），日本第十次遣唐使藤原清河、吉备真备、晁衡等人征得玄宗同意后来到扬州，再次恳请鉴真同他们一道东渡。兴龙寺防护甚严，于是众人暗中准备，于同年十月十九日夜晚，启程出发。鉴真此次出海共有三条船，藤原清河等人坐第一条船，中途触礁，随风漂至安南（越南），没能回到日本。鉴真等人坐第二条船，吉备真备等人坐第三条船。第二、三条船经过两个多月的漂泊终于到达日本，在萨摩国阿多郡秋妻屋浦（今日本鹿儿岛川边郡西南）上岸，鉴真第六次东渡终于成功。这时鉴真已经六十六岁，距离第一次东渡相隔十年。

　　次年，鉴真经难波（日本大阪）抵达当时的日本首都奈良，受到日本朝野热烈欢迎。此后，他定居日本奈良，在日本弘扬佛法，传律受戒。由于天皇的重视，鉴真被授予"大僧都"的职务，成为"传戒律之始祖"。"从此以来，日本律仪，渐渐严整，师师相传，遍于寰宇。"鉴真所建唐招提寺成为日本的大总寺。鉴真使得日本佛教走上正轨，杜绝了由于疏于管理而造成的种种弊端，促使佛教被确定成为日本的国家宗教。鉴真除讲授佛经，还

图74　日本唐招提寺寺门匾额

详细介绍中国的医药、建筑、雕塑、文学、书法、绘画等技术和知识，为中日经济文化交流做出了杰出贡献。

图75　日本奈良东大寺

三、海上丝绸之路的开辟与消亡

中国既有辽阔的大陆,也有漫长的海岸线,海洋文明历史悠久,据考古发现,早在六千年前,中国沿海居民就已经开始航海,五千年前广东的陶器已经开始出现在印度洋沿岸,海上贸易开始往来,秦时岭南的番禺(广东广州)已经成了犀角、象牙、翡翠、珠玑等奇珍异宝的集散地。秦灭六国后,开始着手平定岭南地区的百越之地。经过四年努力,于公元前214年完成平定岭南的大业。在岭南设南海郡、桂林郡、象郡三郡,发展了繁荣的岭南贸易。

西汉初年,汉武帝平南越后,派使者沿着百越民间开辟的航线,从广州出发,带领船队远航南海和印度洋,经过东南亚,横越孟加拉湾,到达印度半岛的东南部,抵达已程不国(今斯里兰卡)后返航。汉武帝时期开辟的航线,标志着海上丝绸之路的发端。对此,《汉书·地理志》有着明确记载:

> 自日南障塞、徐闻、合浦航行可五月,有都元国;又船行可四月,有邑卢没国;又船行可二十余日,有谌离国;步行可十余日,有夫甘都卢国;自夫甘都卢国船行可二月余,有黄支国;民俗略与珠崖相类。其州广大,户口多,多异物。自武帝以来皆献见。有译长,属黄门,与应募者俱入海市明珠、璧流离、奇石异物、赍黄金杂缯而往。所至国皆禀食为耦,蛮夷贾船,转送致之。亦利交易,剽杀人,又苦逢风波溺死,不者数年来还。大珠至围二寸以下。平帝元始中,王莽辅政,欲耀威德,厚遗黄支王,令遣使献生犀牛。自黄支船行可八月,到皮宗;船行可(八)〔二〕月,到日南、象林界云。黄支之南,有已程不国,汉之译使自此还矣。①

这条远航线路从今天的广东湛江徐闻县出发,经过今天的广西北海合浦县向南,航行五个月到达苏门答腊岛南端,绕过马六甲海峡,再航行四个月,到达缅甸南部的勃固附近。经过二十多天的航行,到达缅甸仰光附近的谌离国。在此上岸,步行十日,到达缅甸的夫甘都卢国;从夫甘都卢国再次上船经两个月的航行,到达印度的黄支国。最后从黄支国返航,经八个月航程到马来西亚的皮宗国。再经两个月的航程回到中国的日南郡(今越南东河市)。此后,东南亚的各国商船纷纷到中国开展贸易,汉代的黄金、丝绸也大量出口到东南亚各国。

与此同时,罗马帝国的皇帝也欲"通使于汉",公元162年,罗马东进,击

①《汉书·地理志》,北京:中华书局,1962年版,第1671页。

败波斯,波斯湾进入罗马帝国范围。公元166年,罗马皇帝派遣使者从亚历山大港出发,经海路直达中国,与中国建立了联系,东西方海上丝绸之路全线贯通。

魏晋南北朝时期,南方经济的繁荣带动了海上贸易的发展,当时南朝的政权同东南亚诸国均有使节的往来,波斯、天竺、狮子国、扶南、婆利等国均与中国有所贸易,海上丝绸之路已经是一条重要的贸易通道。

唐人杜佑对唐前海上交通总结如下:

> 海南诸国,汉时通焉。大抵在交州南及西南,居大海中洲上,相去或三五千里,远者二三万里。乘舶举帆,道里不可详知。外国诸书虽言里数,又非定实也。其西与诸胡国接。元鼎中,遣伏波将军路博德开百越,置日南郡。其徼外诸国,自武帝以来皆献见。后汉桓帝时,大秦、天竺皆由此道遣使贡献。及吴孙权,遣宣化从事朱应、中郎康泰使诸国,其所经及传闻,则有百数十国,因立记传。晋代通中国者盖鲜。及宋齐,至者有十余国。①

中国与南海诸国在汉代有了联系,各国在交州南的大海之中,距离大陆近些的有三五千里,远些的有二三万里之远,由于海上乘船的缘故,具体的里程不易得出,而外国地理书中所记载也不一定确切。汉武帝元鼎年间(前116年—前111年),派遣伏波将军开辟南方,设立了日南郡(今越南东河市),从此,东南亚海上诸国都来朝见中国了。至后汉时期,大秦(罗马)、天竺(印度)诸国都派遣使节由海路前来,到三国时期的吴国,也曾经遣使节通南海,约有一百多个国家,晋代时期交通几乎断绝,到南朝的宋、齐时期,交通逐渐恢复,又有十几个国家开始了贸易往来。

隋唐统一之后,海上交通日益频繁,交通频繁已经超越前代。同为杜佑通典所记载:

> 自梁武、隋炀,诸国使至逾于前代。大唐贞观以后,声教远被,自古未通者重译而至,又多于梁、隋焉。②

至南朝末年、隋朝时期,南方的海上交通已经超越前代,唐代贞观时期之后,国力更加强大,声威远播,古时和中国未有往来的国家也开始建立了关系,交往比前代更加频繁。频繁的使节、商贸往来,使得公元7世纪前后,中国南海出现了大批印度和波斯的商船,交州、广州、扬州成为当时最为繁

①〔唐〕杜佑撰,王文锦等点校:《通典》,北京:中华书局,1988年版,第5088页。
②同上。

駝铃遥绕千山川
唐代丝路的鼎盛

忙的港口。

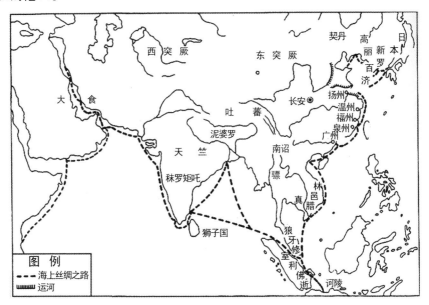

图76　古代海上丝绸之路

宋元时期,海上丝绸之路进一步发展,开辟了泉州、广州港口至菲律宾等地的航线,航船远行至非洲的摩洛哥、欧洲的西班牙,各国的海上贸易也比隋唐时期大大增加。此时的造船、航海技术也得以发展,在元朝时期著名的旅行家马可·波罗的眼中,中国帆船最大的有十二张帆、四层甲板,可载一千余人,为了防备海上的海盗,船上还配备弓弩、火箭、盾牌等兵器,可谓坚不可摧了。中国的丝绸、瓷器也在此时源源不断地输出,海上丝路的商贸达到了繁盛的状态。

明朝时期,出现了著名的海上远航——郑和下西洋,郑和带领他强大的船队,六次远行,足迹远达东南亚、印度洋、波斯湾、东非海岸,达到了中国古代远洋的巅峰。巅峰过后,清代实行闭关锁国的政策,海航业衰落,海上丝绸之路渐渐消亡。

《通典》卷一百八十八也对唐时南海诸国的概况予以了详细的记载,诸如方位、交通、历史、人口、特产等多有记载。但终因来往交通不便,交流过少,并且以当时的中原人士的角度观照南海诸国,犹有一些猎奇的色彩,便使得文字的叙述中充满了独特、奇异,甚至带有些许的神话意味,我们姑且选取一些对这些遥远的海中国度的描述,来看一下古人眼中的南海诸国吧!

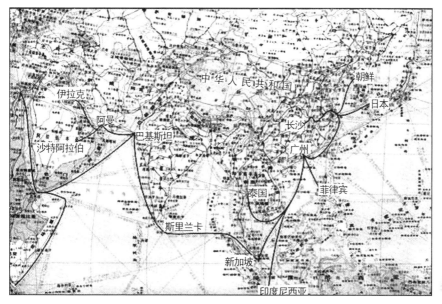

图77　海上丝绸之路线路示意图

1.黄支国

黄支国,汉时通焉。合浦、日南之南三万里,俗略与珠崖相类。自武帝以来皆献见,有明珠、玉璧、琉璃、奇石、异物。大珠至围二寸以下,而至圆者,置之平地,终日不停。[①]

黄支国,汉代已经有所往来,在合浦(今广西合浦县)、日南(今越南东河市)郡南三万里,产明珠、玉璧、琉璃、奇石、异物等,有珍珠周长两寸者,非常圆滑,放在平地上,能够转动一天而不停止。

2.哥罗国

哥罗国,汉时闻焉。在槃槃东南,亦曰哥罗富沙罗国云。其王姓矢利婆罗,名米失钵罗。其理城累石为之。城有楼阙,门有禁卫,宫室覆之以草。国有二十四州而无县。庭列仪仗,有纛,以孔雀羽饰焉。兵器有弓、箭、刀、槊、皮甲。征伐皆乘象,一队有象百头,每象有百人卫之。象鞍有钩栏,之中有四人,一人执槊,一人执弓矢,一人执殳,一人执刀。赋税人出银一铢。国无蚕丝、麻纻,唯出古贝布。畜有牛,少马。其俗,非有官者不得上发裹头。又嫁娶初问婚,惟以槟榔为礼,多者至二百盘。成婚之时,唯以黄金为财,多者至二百两。妇人嫁讫则从夫

驼铃遥绕千山川
唐代丝路的鼎盛

①〔唐〕杜佑撰,王文锦等点校:《通典》,北京:中华书局,1988年版,第5088页。

姓。音乐有琵琶、横笛、铜钹、铁鼓、簧。吹蠡击鼓。死亡则焚尸,盛以金罂,沈之大海。①

哥罗国,汉代时中国已有所闻,在"槃槃国"东南方向,也叫作"哥罗富沙罗国",国王姓"矢利婆罗",叫"米失钵罗"。其城池用石头对累而成,城有城楼,城门有禁卫把守,宫殿以茅草覆盖。全国有二十四个州,没有县。仪仗以孔雀羽毛作为装饰。兵器有弓、箭、刀、槊、皮甲等等,出征时都乘坐大象,一支队伍有一百头大象组成,每头大象有一百个士兵护卫;象鞍上有护栏,可坐四人:一人拿槊、一人拿弓箭、一人拿殳、一人拿刀。国家没有蚕丝、麻等布匹,只有木棉布。牲畜有牛、马等。其国家风俗,如果不是官员的话不能把头发盘在头上。婚俗上,订婚只用槟榔,多的可以有二百盘之多。结婚时用黄金为聘礼,多的可以达到二三百两黄金。女子嫁过即从夫姓。乐器有琵琶、横笛、铜钹、铁鼓、簧等。人死后则将尸体焚烧,盛在金色酒器之中,沉入大海。

3.林邑国

> 林邑国,秦象郡林邑县地。汉为象林县,属日南郡,古越裳之界也,在交趾南,海行三千里。其地纵广可六百里,去日南界四百余里。②

林邑国,属秦朝象郡的林邑县境,汉朝设象林县,属日南郡所辖,是上古中原和南越的分界。国家在交趾的南方,经海路行船三千里。其国长六百里,距离日南郡界为四百余里。

4.扶南国

> 扶南国在日南郡之南,海西大岛中,去日南可七千里,在林邑西南三千余里。其境广袤三千余里。国俗本裸,文身被发,不制衣裳。其先有女人为王,号曰柳叶,年少壮健,有似男子。其南有激国人名混溃来伐,柳叶降之,遂以为妻。恶其裸露形体,乃穿叠布贯其首,理其国。子孙相传……土地洿下而平博,气候、风俗、物产大较与林邑同。有城邑宫室,国王居重阁,以木栅为城。海边生大若叶,长八九尺,编其叶以覆屋。国人亦为阁居。为船八九丈,广才六七尺,头尾似鱼。国王行乘象。人皆丑黑拳发,裸身跣行。耕种为务,一岁种,三岁获。又好雕文刻镂,食器多以银为之。出金钢,可以刻玉,状似紫石英,其所生乃在百丈水底盘石上,如钟乳,人没水取之,竟日乃出,以铁锤之而不伤,铁乃

---

① 〔唐〕杜佑撰,王文锦等点校:《通典》,北京:中华书局,1988年版,第5089页。
② 同上。

自损,以羖羊角扣之,涣然冰泮。贡赋以金、银、珠、香。亦有书记府库,文字类胡。①

扶南国在日南郡的南方,在大海西面的大岛屿中,距离日南有七千里之遥,在林邑西南三千余里。其国境广袤,方圆三千余里。风俗崇尚赤裸,身上文着文身,披头散发,不制作衣裳。其国家有一个女性国王,号曰"柳叶",年轻健壮,有点类似男人。南方有一个激国人叫"混溃"来讨伐,柳叶降相他投降,成了他的妻子。"混溃"讨厌她赤身裸体,就让她穿上衣服,戴上帽子,治理了她的国家。从此,穿衣的风俗子孙代代相传。土地多广袤平坦,气候、风俗、物产与林邑国大致相同。国家中也有城邑宫室,国王住在高阁之中,国家用木栅栏做城墙。海边生长着大树叶,有八九尺长,就把这种大树叶编织好来覆盖住屋子。国家可以造长为八九丈,宽却只有六七尺的长船,它的头和尾像鱼一样的形状。国王出行时是乘坐大象的。国人都长得黑丑并且卷发,赤身裸体。主要以耕种为业,种一年的种子,可以连续收割三年。又喜好雕刻,器皿多以银做成。出金刚石,可以雕刻玉石,它的形状类似紫石英,产于百丈深的水底岩石之上,就像钟乳石一样,人潜入水中开采,需要一整天才能采出一块,这种石头若用铁锤锤打是打不坏的,反而铁锤会损坏,开采时需要用山羊角来扣,石头就会涣然冰释了。国家以金银、珍珠、香料为供奉。对于府库的物品也有明确的文字记载,文字像西方胡人的文字。

5. 顿逊国

顿逊国,梁时闻焉,(一曰典逊)在海崎上,地方千里。有五王,并羁属扶南,北去扶南可三千余里。其国之东界通交州,其西界接天竺、安息徼外诸国,贾人多至其国市焉。所以然者,顿逊回入海中千余里,涨海无涯岸,船舶未曾得经过也。其市东西交会,日有万余人,珍物宝货无种不有。又有酒树,似安石榴,采其花汁,停酒瓮中,数日成酒。出藿香,插枝便生,叶如都梁,以裹衣。国有区拨等花十余种,冬夏不衰,日载数十车货之。其花,燥更芬馥,亦末为粉,以傅身焉。其俗又多鸟葬。将死,亲宾歌舞于郭外,有鸟如鹅,口似鹦鹉而红色,飞来万计,家人避之,鸟食肉尽乃去,烧其骨沈海中,以为上行人也,必生天。鸟若回翔不食,其人乃自悲,复以己有秽,更就火葬,以为次行也。若不能生

---

①〔唐〕杜佑撰,王文锦等点校:《通典》,北京:中华书局,1988年版,第5093页。

入火,又不被鸟食,以为下行也。①

顿逊国(又叫"典逊国")在南朝时的梁朝已经为中国所知了,处在南海中的高地上,有千里之广阔。向北距离扶南国有三千多里,顿逊国的东边界和中国的交州相接,西面的边界和天竺、安息等国家相接,商人多到该国贸易。之所以会这样,是因为顿逊国国土从大海中横绝而出,并伸入大海之中一千多里,使往来的船舶很难绕过。其国家正处在东西方贸易的交汇之处,每天有上万人在这里交易,奇物珍宝无所不有。其中有一种叫"酒树"的,长的类似石榴,将它的花蜜采下来,放在酒瓮中,几天后自可成为美酒。又出产藿香,将其枝干插在土中便可成活,叶子很像都梁,其香气可以用来熏衣服。还有类似"区拨"的十多种花,一整年都不凋谢,市场上每天有数十车出卖,这种花,香气更加浓郁,可将花瓣磨成粉,扑撒在身上。其国丧葬为"鸟葬":当某人快去世时,他的亲朋好友都在城外载歌载舞来吸引一种很像鹅的大鸟,这种鸟嘴是红色的,形状又类似鹦鹉,会飞来成千上万只,亲属及家人避开后,鸟将该将死之人的肉都吃掉,而后飞走,家人再将尸骨以火烧尽,骨灰沉入海中,这被认为该人的生前品德很好,去世后一定会升入天堂。如果鸟在天空盘旋而不吃人肉的话,该人自己就会悲伤,并认为自己有污点,就只好选择火葬,这是生前品德稍差些的。如果不能活着的时候就进行火葬,又不被鸟吃的话,该人就被认为生前品德很差。

6.毗骞国

毗骞国,梁时闻焉,在顿逊之外大海洲中,去扶南八千里。传其王身长丈二尺,头长三尺,自古来不死,莫知其年。其王神圣,知将来事,南方号曰长头王。国俗,有室屋衣服,啖粳米。其人言语小异扶南国。不受估客,有往者亦杀而啖之,是以商旅不敢至。王常楼居,不血食,不事神鬼。其子孙死如常人。又传扶南东界即涨海,海中有大洲,洲上有诸薄国,国东有马五洲。复东行涨海千余里,有燃火洲。其上有树生火中,洲左近人剥取其皮,纺绩作布,极得数尺,以为手巾,与蕉麻无异而色微青黑。若小有垢污,则投火,复更精洁。②

毗骞国,南朝梁时为中国所知,在顿逊国更南的大海中,距离扶南国有八千里远。传说这个国家的国王身高一丈二尺,但是只是他的头就有三尺长,自古以来没有死过,没人知道他有多大。他神奇的地方就是可以预知未

---

①〔唐〕杜佑撰,王文锦等点校:《通典》,北京:中华书局,1988年版,第5095页。
②同上。

来,南方人把他称为"长头王"。这个国家的人住在屋里,也穿衣服,吃粳米。语言上和扶南国有一点小的差别。该国不接受商人,若有去该国经商的就会被杀,并且被吃掉,所以客商们不敢到这个国家去。国王常常居住在楼上,不祭祀,不侍奉神鬼。他的子孙去世后就像普通人一样安葬。又传说扶南国东面的边界即是南海,南海中有很大的岛屿,岛上有"诸薄国",这个国家东面又有"马五洲"。在大海东一千多里,这个国家有一处叫"燃火洲"的地方,上面有一种长在火里的树,国人将这种树的树皮剥下,纺成布匹,因数量稀少,一般只纺成几尺,就用来做成手帕,这种手帕质地和蕉麻差不多,但颜色稍呈青黑色。使用后如果有小处的污垢,就投进火中再取出来,自己就干净了。

7.干陀利国

　　干陀利国,梁时通焉,在南海洲上。其俗与林邑、扶南略同。出斑布、古贝、槟榔。槟榔特精好,为诸国之极。武帝天监中,遣使贡方物。[1]

干陀利国,南朝梁时和中原有所往来,在南海的岛屿上。该国风俗和林邑国、扶南国大致相同。出产木棉布、木棉、槟榔。尤其槟榔,是南海诸国中最好的。在梁武帝天监年间,曾经派遣使节前来朝贡。

8.真腊国

　　真腊国,隋时通焉,在林邑西南,本扶南之属国也。去日南郡舟行六十日而至,南接车渠国,西有朱江国。王姓刹利,自其祖渐以强盛,至其王质多斯那,遂兼扶南而有之。死,子伊奢那先代立。大业中,遣使朝贡。居于伊奢那城,郭下二万余家。城中有大堂,是其王听政之所。大城三十所,城有数千家,各有部帅,官名与林邑同。其王坐五香七宝床,施宝帐,以文木为竿,象牙金钿为壁,状如小屋,悬金光焰,有同于赤土。有五大臣及诸小臣。朝于王者,辄于阶下三稽首。王唤上阶则跪,以两手抱膊,绕王环坐,议政事讫,跪伏而去。其国与参半、朱江二国和亲,数与林邑、陀洹二国战争。王初立之日,所有兄弟并刑残之,或去一指,或劓其鼻,别处供给,不得仕进。人形小而色黑,妇人亦有白者,悉拳发垂耳,性气捷劲。居处器物颇类赤土。以右手为净,左手为秽。饮食多酥酪、沙糖、粳粟、米饼。欲食之时,先取杂肉羹与饭相和,手揣而食之。其国北多山阜,南有水泽,地气尤热。有婆那娑树,无花,叶似

　　①〔唐〕杜佑撰,王文锦等点校:《通典》,北京:中华书局,1988年版,第5096页。

驼铃遥绕千山川
唐代丝路的鼎盛

柿,实似冬瓜。菴罗树,花叶似枣,实似李。毗野树,花似木瓜,叶似杏,实似楮。婆田罗树,花叶实并似枣而小异。歌毕佗树,花似林檎,叶似榆而厚大,实似李,其大如升。自余多同九真。海中有鱼名建同,四足,无鳞,其鼻如象,吸水上喷,高五六十尺。有浮湖鱼,其形似魟,嘴如鹦鹉,有八足。多大鱼,半身出水,睹之如山。每五六月中,毒气流行,即以白猪、白牛、白羊于城西门外祠之;不然者,五谷不登,六畜多死,人众疾疫。东有神名婆多利,祭用人肉。其王年别杀人,以夜祠祷,有守卫者千人。其敬鬼如此。多奉佛法,尤信道士,佛及道士立像于馆。大唐武德六年,遣使献方物。①

真腊国,隋朝时已经有所往来了,其国在林邑国西南,本是扶南国的属国。从中国的日南郡向南船行六十天可以到达,南接车渠国,西邻朱江国。其国国王王姓刹利,从其祖父开始渐渐强盛起来,到国王"质多斯那"时期,就兼并了扶南国。"质多斯那"去世后,其子"伊奢那"先继位。在隋朝大业期间曾派遣使臣来朝贡。国都为伊奢那城,有二万多户。都城中有大堂,是国王处理政务的地方。国家有三十个大城市,每个城市有数千户,分别由将领镇守,官职名称与林邑国相同。

国王坐在五香七宝床上,床上有宝帐,用文木做竿以支撑,象牙、金钿为帐壁,整体形状像个小屋子一样,发出类似红土般金灿灿的光焰。朝中有五位大臣及很多小臣。若拜见国王,必须于台阶下三次跪拜,等待国王传唤,到台阶上应该跪下,用两手抱住胳膊,围绕国王坐成一圈,待政事议论完毕后,仍跪伏着离开。真腊国与参半国和朱江国和亲,屡次与林邑国、陀洹国发生战争。国王登基之日,国王所有的兄弟一起受到刑罚,有的人被砍断一根手指,有的人劓去其鼻子,都到别处生活,不能再参与政治。

该国国民身材短小、肤色黝黑,女子也有皮肤白皙的,都卷发过耳,性情急躁。在居住、使用的器物上,和赤土国颇为近似。以右手为洁净,左手为污秽。食物多为酥酪、砂糖、粳粟、米饼。将要进食的时候,先拿肉羹与饭混合,并用手揉搓而食。

该国北方多山丘,南方有湖泊沼泽,气候炎热。有一种叫作"婆那娑"的树,不开花,叶子像柿子树的叶子,果实像冬瓜。另一种"菴罗树",花朵和叶子都类似枣树,而果实则像李树。还有"毗野树",花朵像木瓜的花,叶子像杏树的叶,果实则像楮树的果实。"婆田罗树",花朵、叶子、果实都与枣树接近只有细小的不同。"歌毕佗树",花朵像林檎,叶子像榆树却比榆树厚大,果

---

①〔唐〕杜佑撰,王文锦等点校:《通典》,北京:中华书局,1988年版,第5099页。

实像李子,却比李子大得多。其他的树木多和九真国相同。

该国海中有一种鱼叫作"建同",有四只脚,没有鳞片,鼻子像大象,吸满水后向上喷出,可以喷出有五六十尺高。有一种"浮湖鱼",其外形类似鲤,嘴像鹦鹉,有八只脚。海中有很多大鱼,半个身子跃出水面,离远望去像小山一样巨大。每到五六月,国内毒气横行之时,就用白猪、白牛、白羊在都城西门外祭祀这些巨鱼;不然的话,粮食不能丰收,家畜多病死,瘟疫则会在人群中流行。国家东边有一个叫"婆多利"的神,祭祀他要用人肉。国王就杀人以祭祀该神,夜晚的时候祈祷,整个仪式有近一千人守卫。该国敬奉鬼神达到如此的程度。并且多信佛法,更信道士,供奉了很多佛家和道家的塑像。在唐武德六年时,该国曾经派遣使节来中国朝贡。

9.罗刹国

罗刹国在婆利之东。其人极陋,朱发黑身,兽牙鹰爪。时与林邑人作市,辄以夜,昼日则掩其面。隋炀帝大业三年,遣使常骏等使赤土国,至罗刹。[1]

罗刹国在婆利国的东边。该国人相貌非常丑陋,有着红颜色的头发和黑色的身体,像野兽一样的牙齿和像老鹰的爪子一样的手。因为相貌丑陋,在与林邑国人做交易时,一般都选择在夜里,如果在白天就把脸挡住。在隋炀帝大业三年时,隋朝曾派遣使节常骏等人出使赤土国,并曾经到过罗刹国。

10.杜薄国

杜薄国,隋时闻焉,在扶南东涨海中,直渡海数十日而至。其国人貌白皙,皆有衣服。国有稻田。女子作白叠华布。出金、银、铁,以金为钱。出鸡舌香,可含,以香不入衣服。鸡舌其为木也,气辛而性厉,禽兽不能至,故未有识其树者。华熟自零,随水而出,方得之。[2]

杜薄国,隋时即为中国所知,其国在扶南国东方的南海中,径直渡南海约数十天的航行可以到达。这个国家的人皮肤白皙,并且都穿着衣服。国家农耕以稻田为主。女子可以织出白叠华布。出产金、银、铁,并且以黄金为钱币。也出产"鸡舌香",可以含在口中,这种香可以不沾染衣服。"鸡舌"是一种树木,气味辛辣,禽兽都不能靠近,所以没有能够认识该树的。花朵成熟后凋落,随着河流流出,才能得到。

①〔唐〕杜佑撰,王文锦等点校:《通典》,北京:中华书局,1988年版,第5101页。

②〔唐〕杜佑撰,王文锦等点校:《通典》,北京:中华书局,1988年版,第5103页。

驼铃遥绕千山川
唐代丝路的鼎盛

11.婆登国

> 婆登国在林邑南,海行二月,东与诃陵,西与迷黎车接,北邻大海。风俗与诃陵同。种稻每月一熟。有文字,书于贝多叶。其死者,口实以金,又以金钏贯于四支,然后加以婆律膏及檀、沈、龙脑等香,积薪以燔之。大唐贞观二十一年,遣使朝贡。①

婆登国在林邑国南,在海上航行两个月可以到达,东面与诃陵国、西面与迷黎车国相接壤,北面邻大海。该国风俗与诃陵国相同。稻子一月一熟。有文字,在贝多叶上书写。人去世的时候,在口中填满黄金,同时用金镯子戴满四肢,然后以婆冰片、檀香、沈、龙脑等香料,堆在柴上火葬。在唐贞观二十一年时,曾派遣使节来中国朝贡。

四、街衢管理礼法周全

1.唐代城市内部的交通管理

中国古代的大都市往往是一个地区甚至国家的政治、经济、文化的中心,常作为皇宫的所在地,人口众多、经济繁荣,而一个都城的秩序就必不可少,其中有关于交通的秩序也就格外重要,这其中主要包括交通利益、道路维护和宵禁制度等等。

中国是礼仪之邦,在道路交通上的礼节很早便有规定,其核心便是儒家的礼法,体现在道路的礼节上便是:

> 诸行路巷街,贱避贵,少避老,轻避重,去避来。(仁井田升《唐令拾遗》)

在大街上行走,普通人避让权贵,年轻人避让长辈,负担轻的人避让负担重的人,要出的人避让要进的人。这当然也有王权的等级思想的表现:

> 属官于街衢相遇,隔品者致敬,礼绝者下马,无回避之文。(仁井田升《唐令拾遗》)
> 诸官人在路相遇者,四品已下遇正一品,东宫官四品已下遇三师,诸司郎中遇丞相,皆下马。(李林甫《唐六典》)

关于都市中的道路的行走、维护等等,也有专门的法规,如:

> 诸于城内街巷及人众中,无故走车马者,笞五十;以故杀伤人者,减斗杀伤一等。杀伤畜产者,偿所减价。若有公私要速而走者,不坐;以故

①〔唐〕杜佑撰,王文锦等点校:《通典》,北京:中华书局,1988年版,第5105页。

杀伤人者,以过失论。其因惊骇,不可禁止,而杀伤人者,减过失二等。①

　　唐代禁止在城市街道内车马快跑、奔驰,违者处以50鞭的鞭笞。如果造成人身伤害,按照故意伤害罪减轻一等的尺度处罚。如果伤害到牲畜和财产也要按照价格赔偿。如果是公务人员因为公务紧急而快跑的,可以不做惩罚,但如果造成伤害的,按照过失论处。因为牲畜惊骇而伤人的,按照过失罪减轻二等的标准处罚。又如:

　　　　诸侵街巷、阡陌者,杖七十。若种植垦食者,笞五十。各令复故。虽种植,无所妨废者,不坐。②

　　　　其穿垣出秽污者,杖六十;出水者,勿论。主司不禁,与同罪。③

　　意思是,凡是侵占道路的,都要处以70仗的仗笞,如果以种植植物侵占道路,要罚50鞭的鞭笞,且要负责道路畅通。如果只是种植植物,并没有妨碍交通,则免于惩罚。如果穿墙向道路排泄污秽,要处以60仗的杖笞,如果只是排出正常的水,则不做处罚,如果管理人员遇到上述行为不制止,那么也要处以同样的惩罚。再如:

　　　　诸向城及官私宅,若道径射者,杖六十;放弹及投瓦者,笞四十;因而伤人者,各减斗杀伤一等。④

　　凡是向城市公私宅院或道路射箭的,处以60仗的仗笞;投弹或瓦片的,处以40鞭的鞭笞,如果造成了伤害的,按照故意伤害减轻一等的标准处罚。

　　这些规定均保障了都市内道路设施的完整,交通的安全、畅通。

　　中国古代都市的宵禁制度产生也很早,自西周便有对于宵禁的规定,如《周礼·地官·司门》:"掌授管键,以启闭国门。"规定了"司门"职官的职责:负责城门的钥匙和锁,负责按时开关城门。唐朝的宵禁制度更为严格:

　　　　诸犯夜者,笞二十;有故者,不坐。⑤

　　　　闭门鼓后,开门鼓前行者,皆为犯夜。故,谓公事急速及吉、凶、疾病之类。⑥

①〔唐〕长孙无忌等撰,刘俊文点校:《唐律疏议》,北京:中华书局,1983年版,第480页。
②〔唐〕长孙无忌等撰,刘俊文点校:《唐律疏议》,北京:中华书局,1983年版,第488页。
③〔唐〕长孙无忌等撰,刘俊文点校:《唐律疏议》,北京:中华书局,1983年版,第489页。
④〔唐〕长孙无忌等撰,刘俊文点校:《唐律疏议》,北京:中华书局,1983年版,第481页。
⑤〔唐〕长孙无忌等撰,刘俊文点校:《唐律疏议》,北京:中华书局,1983年版,第489页。
⑥〔唐〕长孙无忌等撰,刘俊文点校:《唐律疏议》,北京:中华书局,1983年版,第490页。

唐律规定:在"闭门鼓"后、"开门鼓"之前这段时间都属于宵禁时间,违反"宵禁"的叫作"犯夜",如果"犯夜"的,处以20鞭的鞭笞,如果是因为紧急公务、吉事、凶事则允许通行。

在《新唐书·马周传》中又记载了如下的建议:

> 先是,京师晨暮传呼以警众,后置鼓代之,俗曰'冬冬鼓';品官旧服止黄紫,于是三品服紫,四品五品朱,六品七品绿,八品九品青;城门入由左,出由右;飞驿以达警急;纳居人地租;宿卫大小番直;截驿马尾;城门、卫舍、守捉士,月散配诸县,各取一,以防其过,皆周建白。[①]

马周对京城长安有关宵禁部分的建议:长安城门开启、关闭方式以前是采用沿街传告民众,后来采用击鼓的方式,民间称为"冬冬鼓"。许多大都市中都有钟鼓楼,也是出于同样的原因。

我国的许多城市都有钟鼓楼。钟楼和鼓楼是我国古代在城市、宫殿、寺院中用作报时和显示威仪的建筑。汉唐时期城市实行里坊制,规定宵禁,晨昏都要击鼓为启闭坊门的信号。北宋以后,里坊制取消,却保留了钟鼓报时的习俗。因此,在元大都、明南京和明清北京及许多地方城市的显著位置都建有高大的钟楼和鼓楼。采用"楼"的形制,是因为可利用其下层为共鸣腔,使声音悠扬远播,而且钟、鼓楼以其突出的体形体高成为城市主要街道的对景和周围地区的构图中心,对城市景观起着非常重要的作用,其附近往往形成繁华的商业区。现存建于明代的西安钟楼便处在城市的中心点上。

图78　西安钟楼　　　　　　　　　　　图79　西安鼓楼

2.唐代城际间的交通管理

在唐代,城际间的交通法规更为细致,遍及方方面面。如《唐律疏议》:

> 诸应乘官船者,应载衣粮二百斤。违限私载,若受寄及寄之者,五

①〔宋〕欧阳修、宋祁等撰:《新唐书》,北京:中华书局,1985年版,第3901页。

十斤及一人,各笞五十;一百斤及二人,各仗一百;但载即坐。若家人随从者,勿论。每一百斤及二人,各加一等,最止徒二年。①

对坐船所携带的随身衣物和粮食做出明确规定:每人可携带随身衣物和粮食200斤,如果超重,每超重50斤或多1个人,那么寄托人和受寄人就要分别处以50鞭的鞭打;如果超重100斤或多2个人,那么就要处以100仗的仗打,不追究随行人员,如果超重更多,就按照每超重100斤或2个人,罪加一等,罪行最严重者判处流放两年。

又据《唐六典》卷三"度支郎中员外郎"条规定:

> 凡陆行之程:马日七十里,步及驴日五十里,车三十里。水行之程:舟之重者,溯河日三十里,江四十里,余水四十五里。空舟溯河四十里,江五十里,余水六十里。沿流之舟,则轻重同制,河日一百五十里,江一百里,余水七十里。其三硖、砥柱之类,不拘此限。若遇风,水浅不得行者,即于随近官司申牒验记,听折半功。②

可见唐代对各种交通工具行驶日程均计程而行:在陆路上行走,骑马一天可以走七十里;步行或骑驴,一天可走五十里;坐车,一天可走三十里。走水路如果船载货很重并且逆流行船,在黄河里逆流行船,一日可以走三十里;在长江逆流行船,一日可走四十里,其他水路逆流行船,一日可走四十五里。空船在黄河中逆流行船,一日走四十里;在长江中逆流行船,一日可走五十里,在其余水路逆流行船,一日可走六十里。对于顺流的船只速度,无论轻重,一律相同,黄河中一日一百五十里,长江中一日一百里,其余水路一日七里。如果遇到水道中巨石阻拦,无法顺利航行的,则不受上述规定限制。如果遇到大风、水浅不得不停靠的,应该在附近的官府中上交牌记,以便把行程折半。

驼铃遥绕千山川
唐代丝路的鼎盛

在《唐律疏议》中还有关于在道路上捕猎设陷阱的相关规定:

> 诸施机枪、作坑陷阱者,仗一百;以故杀伤人者,减斗杀伤一等;若有标识者,又减一等。③

> 其深山、迥泽及有猛兽犯暴之处,而施作者,仍立标识,不立者,笞四十;以故杀伤人者,减斗伤罪三等。④

①〔唐〕长孙无忌等撰,刘俊文点校:《唐律疏议》,北京:中华书局,1983年版,第506页。
②〔唐〕李林甫等撰,陈仲夫点校:《唐六典》,北京:中华书局,1992年版,第80页。
③〔唐〕长孙无忌等撰,刘俊文点校:《唐律疏议》,北京:中华书局,1983年版,第482页。
④同上。

在道路上安放发射物、设陷阱的,要罚一百仗的仗笞;如果因此而造成伤害的,按照故意伤人减一等的标准处罚;对于已经设立标识物的,则再减一等处罚。在深山大泽以及有猛兽进犯的地方设陷阱的,仍要设立标识,如果不设立标识,惩罚四十鞭的鞭笞,如果因此而造成伤害的,按照故意伤人减三等的标准处罚。由此可见规定的细致。

3.唐代的邮驿制度

唐代的邮驿制度更为翔尽,驿站的官员作为驿站的职守者责任最大,关于驿站官员的职责就有了严格的规定,如:

> 诸文书应遣驿而不遣驿,及不应遣驿而遣驿者,杖一百。[1]
>
> 诸驿使无故,以书寄人行之及受寄者,徒一年。若致稽程,以行者为首,驿使为从;即为军事警急而稽留者,以驿使为首,行者为从。[2]
>
> 诸公事应行而稽留,及事有期会而违者,一日笞三十,三日加一等。过仗一百,十日加一等,罪止徒一年半。[3]
>
> 诸官马乘用不调习者,一匹笞二十,五匹加一等,罪止杖一百。[4]

应当交付驿站传递的文书不交驿站,或者不应当交付驿站的文书交给了驿站传送,都处以一百仗的仗笞惩罚。驿使没有特殊情况,私下托付他人寄送驿件,寄送人和受托人均受流放一年的惩罚。如果造成延误,以受寄人为主犯,如果是军情急件而造成延误,以寄托人为主犯。稽留应当发送的驿件,造成延误期限的,每延误一天就处以三十鞭的鞭笞,延误三天就罪加一等;罪责超过一百仗的仗笞后,每延误十天就罪加一等,最高处以流放一年半的惩罚。唐代为驿站提供的官马必须经过调养、训练,如果有一匹马不训练,就要处以二十鞭的鞭笞惩罚,如果有五匹驿马不训练的,要罪加一等,最高处以一百仗的仗笞惩罚。

又如驿站职责的规定:

> 诸从征及从行、公使于所在身死,依令送还本乡,违而不送者,杖一百。若伤病而医食有阙者,杖六十;因而致死者,徒一年。[5]
>
> 即卒官,家无力不能胜致者,仰部送回乡,违而不送者,亦仗一

---

① 〔唐〕长孙无忌等撰,刘俊文点校:《唐律疏议》,北京:中华书局,1983年版,第209页。

② 〔唐〕长孙无忌等撰,刘俊文点校:《唐律疏议》,北京:中华书局,1983年版,第208页。

③ 〔唐〕长孙无忌等撰,刘俊文点校:《唐律疏议》,北京:中华书局,1983年版,第213页。

④ 〔唐〕长孙无忌等撰,刘俊文点校:《唐律疏议》,北京:中华书局,1983年版,第281页。

⑤ 〔唐〕长孙无忌等撰,刘俊文点校:《唐律疏议》,北京:中华书局,1983年版,第490页。

百。^①

规定了凡是参军、随行车驾、因公出差而死亡的人员，都应该按照规定送回本乡，如果违抗不送，处以一百仗的仗笞；伤病人员回乡的途中要保障他的医疗和饮食，如果不能的，要处六十仗的仗笞；因此而造成死亡的，要流放一年；如果官员在任上去世，家属无力送其回乡安葬的，驿站要送其回乡，如果违抗不送的，处一百仗的仗笞。

关于可以住宿驿站的条件：

> 私行人，职事五品以上，散官二品以上，爵国公以上，欲投驿止宿者，听之。边远及无村店之处，九品以上勋官，五品以上及爵，遇屯驿止宿，亦听。并不得辄受供给。谓私行人不应入驿而入者，笞四十。辄受供给，准赃虽少，皆杖一百；计脏得罪重于一百仗者，准盗论。虽入驿，准令不合供给而受供，亦与不应入驿人同罪。强者，各加二等。^②

凡是私人事务，任职官员五品以上的，散官二品以上的，或者国公爵位以上，可以投诉驿站，在边远的无客栈的地区，任职官员九品以上的，散官无品以上的，或者县公爵位以上，也可以投诉驿站，但都不能享受相应的供给标准。不够资格而投诉驿站的就要处四十鞭的鞭笞；额外索取驿站供给的，数量不大也要处一百仗的仗笞；超过一百仗罪刑的人，则按照盗窃罪论处，强行索要者，按照盗窃罪增加二等的标准处罚。

关于驿站驿马的供给标准：

> 给驿：职事三品以上若王，四匹，四品及国公以上，三匹；五品及爵三品以上，二匹；散官、前官各减职事官一匹；余官爵及无品人，各一匹，皆数外别给驿驴。^③

> 诸增乘驿马者，一匹徒一年，一匹加一等。主司知情与同罪，不知情者勿论。^④

三品以上官职及王爵者，共给四匹驿马；四品官职及国公爵者，共给三批驿马；五品官职及三品散官，共给二匹驿马，六品官职及四品散官，共给一匹驿马；其余官职及散官共给一匹驿驴。

驼铃遥绕千山川
唐代丝路的鼎盛

①〔唐〕长孙无忌等撰，刘俊文点校：《唐律疏议》，北京：中华书局，1983年版，第490页。
②〔唐〕长孙无忌等撰，刘俊文点校：《唐律疏议》，北京：中华书局，1983年版，第492页。
③〔唐〕长孙无忌等撰，刘俊文点校：《唐律疏议》，北京：中华书局，1983年版，第210页。
④同上。

凡是超过供给标准的,多用一匹马,就处以流放一年;再多加一匹,就罪加一等;如果驿站主官知晓此事且听任不管,则与之同罪,如果不知情则不处罚。

驿马是公用财产,保护驿马是理所应当,这方面有很多规定。首先,关于驿马行程的限制:

> 诸乘驿马辄枉道者,一里仗一百,五里罪加一等,罪止徒二年。越止他所者,各加一等。经驿不换马者,杖八十。①

驿马是牲畜,需要呵护,不能过度使用,因此,对于驿马的行程做出了规定,如果乘用驿马超出了行程范围,每超出一里就处以一百仗的仗笞,超出五里就罪加一等,最高处以流放两年的处罚。如果一直超出到了下一个驿站,那么罪行再加一等,经过驿站不换驿马的要处以八十仗的仗笞。

其次,对于驿马所负荷的重量也有严格限制:

> 诸应乘官马、牛、驼、骡、驴,私驮物不得超过十斤,违者,一斤笞十,十斤加一罪,最止仗八十。②

> 其乘车者,不得过三十斤,违者,五斤笞十,二十斤加一等,罪止徒一年。即从军征讨者,各加二等。③

> 若数人共驮载者,各从其限为坐。监当主司知而听者,并及所知,同私驮载法。④

> 诸驿乘马赍私物,一斤仗六十,十斤加一等,罪止徒一年。驿驴减二等。⑤

因公乘驿马、驿牛、驿骆驼、驿骡、驿驴的人,其私人物品不得超过十斤,如果超过十斤以内者,每超过一斤处以一鞭的鞭笞,如果超过十斤的,罪加一等,最高处以八十仗的仗笞。因公乘坐驿车者,私人的随行物品不得超过三十斤,如果超过二十斤以内,则每五斤处以十鞭的鞭笞,如果超过二十斤,则罪加一等,最高处以一年的流放。如果很多人同行,则分别计算,主管如果听之任之的,也要以相同的罪行论处。如果私下携带行李外的物品,每斤处以六十仗的仗笞,如果超过十斤还要罪加一等,最高处

---

①〔唐〕长孙无忌等撰,刘俊文点校:《唐律疏议》,北京:中华书局,1983年版,第211页。
②〔唐〕长孙无忌等撰,刘俊文点校:《唐律疏议》,北京:中华书局,1983年版,第279页。
③同上。
④同上。
⑤〔唐〕长孙无忌等撰,刘俊文点校:《唐律疏议》,北京:中华书局,1983年版,第212页。

以一年的流放。

再次,保护驿马不受伤害:

> 乘诸架官畜产,而脊破颈穿,疮三寸,笞二十;五寸以上,笞五十。[①]

使用驿畜不当,造成背部、颈部受伤、伤口达到三寸的,处以二十鞭的鞭笞惩罚;伤口达到五寸的,处以五十鞭的鞭笞惩罚。

可以看出,整个邮驿系统的规定非常健全。

五、偏幰牛车

魏晋以来,牛车逐渐得到门阀士族的青睐,乘坐牛车不仅不再是低贱的事,而且已成为一种时髦的风尚。因为牛车行走缓慢而平稳,且车厢宽敞高大,如稍加改装,在车厢上装棚施幔,车厢内铺席设几,便可任意坐卧。这对于养尊处优、肆意游荡的士族大姓是最合适不过的了,特别是东晋南渡以后,江左牛多马少,也是牛车兴起的原因之一。[②]

图80　牛车

乘牛车也和乘马车一样,有上下等级之分。诸王乘犊车,因以云母饰车,故又叫"云母车"。这是一种带屏蔽、驾八牛的豪华牛车。三公有勋德者乘"皂轮车,驾四牛,形制犹如犊车,但皂漆轮毂,上加青油幢,牛丝绳络"。诸王三公还可并乘通幰车,"驾牛,犹如今犊车制,但举其幰通覆车上也",幰,即车上的帷幔。"通幰",即在牛车顶上自前到后悬挂的一张大帷幔。一般大臣乘油幢车,"驾牛,形制如皂轮(车),但不漆毂耳"。

南北朝时,牛车更是日益风行。北魏皇帝出行时乘坐的大楼辇,要"驾牛十二"(《魏书·礼志四》)。可见北朝使用牛车之盛,比两晋有过之而无不

①〔唐〕长孙无忌等撰,刘俊文点校:《唐律疏议》,北京:中华书局,1983年版,第281页。
②参见欧阳晋焱:《中国古代车辆功能设计探究》,载《中国包装》2013年4月。

及。北朝如此,南朝亦不逊色。正是由于士族大姓贪求舒适,醉心享受,各种高级牛车便迅速发展起来,以致车速快、舆敞露,属于汉代轺车系统的那类马车乃完全绝迹。甚至郊野之内,满朝的士大夫"无乘马者"(《颜氏家训·涉务第十一》)。

图81　南北朝偏幰牛车

隋唐五代时期,乘牛车之风习也鲜有变化。《新唐书·车服志》曰:"一品乘白铜饰犊车,青油纁,朱里通幰,朱丝络网。二品以下云油纁、络网。四品有青偏幰。"综观上述情况,可知当时统治者乘坐的高等牛车主要有"通幰牛车"和"偏幰牛车"两种,其中又以前者地位最高。"偏幰",即牛车的帷幔只遮住车的前半部。这两种车在帷幔底下还有车棚,棚一般有檐,早期的檐浅,至唐代,棚檐已变得很深,称为"长檐车"。通幰牛车双辕双轮,车厢形似太师椅,有卷席篷顶,其上覆盖一张大帷幔。这种通幰车装饰比较简朴,以后逐渐向豪华奢侈型发展。如敦煌莫高窟61窟宋代"火宅喻"中画的通幰牛车,长方形车厢上立棚,呈封闭状。车门设在后边,垂遮帷帘。棚前和两侧开有棂格窗。棚顶呈拱形,前后出长檐。棚顶四角各立一柱,四柱上支撑一顶大帷幔。帷幔绣以梅花图案,四周边垂缀丝穗,极华丽。御车人扶辕步行。主人则坐卧于高大严密的车棚内,可谓逍遥自在。①

六、王濬楼船下益州

中唐时期的刘禹锡曾有著名的怀古诗,缅怀西晋收复东吴的那段历史:

西塞山怀古
王濬楼船下益州,金陵王气黯然收。
千寻铁锁沉江底,一片降幡出石头。
人世几回伤往事,山形依旧枕寒流。

---

① 参见张振刚:《三国两晋南北朝墓葬出土牛车俑群的初步研究》,载《四川大学硕士论文》2007年。

今逢四海为家日,故垒萧萧芦荻秋。

西塞山在今湖北省黄石市东面的长江边上,形势险峻。是六朝有名的军事要塞。西晋太康元年(280年),晋武帝司马炎命王濬率领西晋水军顺江而下,讨伐东吴,而这只水军恰是由当时作战能力极强的战船"楼船"组成的,其船"方百二十步,受二千余人。以木为城,起楼橹,开四出门,其上皆得驰马来往",如此巨大可乘两千人的战船可谓无人能敌了。

一百多年之后,晋孝武帝太元八年(383年),蜀军水师再次东下,只不过这次是在符坚的调遣下进军东晋,"蜀汉之军顺流而下,幽冀之众志于彭城,东西万里,水路并进",水上战船再次成为进攻的主力。此后,北魏崛起,在北方打造大量船舶,以防南方军队进攻。整个魏晋南北朝时期,战争频繁,船舶在战争中的作用更为凸显。

隋朝一统天下后,迎来的却是隋炀帝的穷奢极欲,隋炀帝曾三次乘坐水上宫殿"大龙舟"通过运河去江都巡游。

古代人认为龙是极为神圣的庞然大物,如能乘龙过海上九天就成神仙了。要过海,就得乘龙舟,皇帝以真龙天子自命,水陆出行当然就要乘凤阁龙舟了。

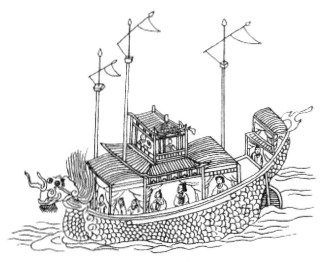

图82　隋炀帝龙舟

炀帝曾多次征发大量人员在江南采伐大木料,造龙舟和各种船只数万艘。隋炀帝大业元年(605年)三月下令开通济渠,八月乘大龙舟巡游江都。

大业六年(610年)三月游幸江都,次年二月御龙舟,入通济渠,至涿郡。大业十二年(616年)七月,隋炀帝第三次游幸江都,至十四年(618年)被杀。

隋炀帝所乘龙舟体势高大,计有四层,高45尺,长200尺,上层有正殿、内殿、东西朝堂。中间二层有120个房间。这些船都"饰以丹粉,装以金碧珠翠,雕镂奇丽"(杜宝《大业杂记》)。下层是内侍居住之所。皇后乘坐的龙舟叫"翔螭",比皇帝的龙舟稍小一些,装饰也极尽奢华。船队中有高三层,称为"浮景"的水殿九艘,还有称为漾彩、朱鸟、苍螭、白虎、玄武、飞羽、青凫、凌波、五楼、道场、玄坛、黄篾

图83 萧后龙舟

等各种名号的大船数千艘。奴侍、诸王、公主、百官、僧尼、道士、蕃客按品位分别乘坐。另有一部分船载帝后以下所有乘船人使用的物品。共用挽船士八万余人。其中挽炀帝龙舟的要几百人,挽"漾彩"级以上船的有九千人。这九千人被称为"殿脚",都穿着锦绣衣服。十二卫士兵又乘船数千艘,都是自挽而行。船的名称是平乘、青龙、艨艟等。船只航行时首尾相接两百余里,照耀川陆。骑兵夹岸护送,旌旗蔽野,致使人民生活在水深火热之中。

隋大业九年(613年)杨玄感起兵黎阳(河南浚县)反隋,进围东都时,大龙舟等都被烧毁。大业十一年(615年)炀帝令再造龙舟等数千艘,规格要超过旧船。大业十二年(616年)7月,江都龙舟已造成并送至东都洛阳。炀帝第三次巡游江都。数千艘龙舟,只用一年造成,可见隋代造船能力之强。

唐代历"贞观之治"后到玄宗时期出现了"开元盛世",唐朝进入全盛。国家富强,农业手工业生产发展迅速,造船业进一步发展。

唐朝产生了很多造船基地。如宣(安徽宣城)、润(江苏镇江)、常(江苏常州)、苏(江苏苏州)、湖(浙江湖州)、杭(浙江杭州)、越(浙江绍兴)、台(浙江临海)、婺(浙江金华)、江(江西九江)、洪(江西南昌)、扬(江苏扬州)等地。南方沿海的福州、泉州、广州,东方沿海的登州(山东烟台)。这些造船基地设有造船工厂,能造各种大小船只、海船、战舰等。

我国古代航海木帆船种类很多，沙船、福船为唐代成形的新船种。沙船宜于行沙防沙，可安然"坐"在滩上。"江南沙船之往山东者，恃沙行，以寄泊，船因底平，少搁无碍"（《日知录集释》），所以又称"防沙平底船"。其特点是：平头、方艄、平底，船身较宽，所以吃水浅，在水上航行所受阻力较小，行驶平稳，

图84　福船

在水浅的地方亦容易通过。为了提高航速，大中型沙船都采用多桅多帆。帆大多是密杆硬篷的长方形平衡纵帆。沙船问世后，因其性能优异，立刻得到了广泛的应用，不仅在江西、安徽、湖南、湖北等地有所使用，甚至用于远洋航行。

福船以产地而得名，福船底形与沙船底形完全不同，船底"作尖圆形"，即两舷向下渐渐内收位尖底。船型首尖尾宽两头翘，尾封结构呈马蹄形，两舷边向外拱，有宽平的甲板，有连续的舱口，舷侧用对开原木厚板加固，强度较大。其特点是吃水深，利于破浪而远行，其船适应我国南方海阔水深多岛屿的地理环境，因此多走南洋深水航线，在运输、贸易中发挥了重大的作用。

驼铃遥绕千山川
唐代丝路的鼎盛

东京梦华水陆并

《清明上河图》中的汴京城交通

一、东京梦华

北宋开封城也就是今天的开封城及其附近郊区所在地,分内外三重,即外城、里城和宫城。外城是利用后周都城外城加以展筑,由原来的周长四十八里二百三十三步展至五十里一百六十五步。按正方形计算,面积27.37平方千米。南三门,北四门,西三门,东二门,共计12个城门。南墙正中为南薰门,与里城正南门朱雀门,宫城正南门和宣德门构成全城的中轴线,称御街。御街宽约二百步,折合280米(一步为1.4米),两边为御廊,中心安朱漆权子两行,中心御道,行人皆在权子之外。权子里有砖石甃砌御沟水两道,尽植莲荷,近岸桃李梨杏,"杂花相间,春夏之间,望之如绣"。这条御街设置得很宽,从宣德门到朱雀门里的州桥(汴河桥)之北的一段御街,实际上是宫廷前南北向的广场,扩大了宫城前的视野,以显示宫城的高大雄伟。而中央官署也多布设在这段御街的两侧。大相国寺就位于它的东侧,即州桥的东北方向。北宋外城亦名国城,城壕曰护龙河。

里城即今开封城的前身,明代包砌青砖以后才形成今天的开封城。"周回二十里一百五十五步。唐建中初,节度使少勉筑,皇朝曰阙城。"面积4.49平方千米,南北各三门,东西各二门,共计十门,南面正中为朱雀门。里城仍保留原来城壕,并经广济河与外城城壕相通。

宫城亦名皇城、大内,周回五里,位于里城北部中央,接近正方形,面积仅0.26平方千米。宫城六门,南三门,正中为宣德门,东为东华门,西为西华门,北为拱宸门。其正殿为大庆殿,位于宣德门之里,也正好压在全城的中轴线上。"殿九间,挟各五间,东西廊各六十间,有龙墀、沙墀",修建得非常壮丽。而且规模很大,"殿庭广阔,可容数万人"。宫城大致可分为三区,宣德门至宣祐门之间以大庆殿为主可称前区,即正至朝会、册尊号、缴明堂恭谢天地的场所。宣祐门至迎阳门为中区,以崇政、垂拱殿为主,是皇帝住宿和处理朝政的地方。迎阳门以北为后苑,即后区,以崇圣殿、太清楼为主,是皇帝游宴的地方,殿台亭阁林立,与金水河、五丈河渠等交相辉映,景色绮丽。迎阳门"俗号苑东门,召近臣入苑由此门"。此门即宣和门,亦称开曜门,《宋史·地理志》称为"宁阳门"。①

　　北宋的都城汴京,是人口超过百万的大都会。北宋政府改变了周、秦、汉、唐时期居民不得向大街开门、不得在指定的市坊以外从事买卖活动的旧规矩,允许市民在御廊开店设铺和沿街做买卖。为活跃经济文化生活,还放宽了宵禁,城门关得很晚,开得很早。御街上每隔二三百步设一个军巡铺,铺中的防隅巡警,白天维持交通秩序,疏导人流车流。

　　《东京梦华录》记载北宋东京汴梁城充满着繁华,令人神往:"东华门外,市井最盛,盖禁中买卖在此。凡饮食、时新花果、鱼虾鳖蟹、鹑兔脯腊、金玉珍玩、衣着,无非天下之奇。其品味若数十分,客要一二十味下酒,随索目下便有之。其岁时果瓜、蔬茹新上市,并茄瓠之类,新出每对可直三五十千,诸阁纷争以贵价取之。"②意思是在汴京的东华门外的市场最为兴盛:饮食瓜果、鱼虾、野味、衣服几乎都有出售,而且饮食价格便宜。东京的夜市业非常兴盛,往往直到三更方散,市场交易,动辄千万。还有作为说书游艺场所的"瓦肆",大者可容纳数千人。

二、《清明上河图》里的汴河码头

　　北宋著名画家张择端的《清明上河图》流传至今,描绘了清明时节,北宋京城汴梁以及汴河两岸的商旅的繁华和风光的秀丽,整幅画卷从商业、交通、漕运、建筑等几个具有代表性的角度,集中表现了汴京——北宋政治经济文化中心——的形形色色:曾经繁华、热闹的城乡、街市、水道……描画形象细致。

　　从《清明上河图》中我们可以看到汴京郊野的春色:疏林薄雾中,掩映着低矮的草舍、瓦屋、小桥流水、老树、扁舟,阡陌纵横,田畴井然。柳树枝头泛出新绿,路上一顶轿子,轿顶装饰着杨柳杂花,轿后跟随着骑马的、挑担的,从郊外踏青归来。

　　①参见单峰:《行政中心外迁对城市空间结构的影响研究——以合肥市为例》,载《清华大学硕士论文》2004年。

　　②〔宋〕孟元老撰,邓之诚注:《东京梦华录注》,北京:中华书局,1982年版,第31页。

图85　清明上河图（局部1）

图86　清明上河图（局部2）

图87　清明上河图（局部3）

图88　清明上河图（局部4）

图89　清明上河图（局部5）

图90　清明上河图（局部6）

图91　清明上河图（局部7）

图92　清明上河图（局部8）

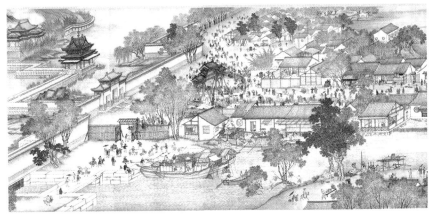

图93　清明上河图（局部9）

繁忙的汴河码头:汴河是北宋的漕运枢纽,商业交通要道,从画面上可以看到汴河码头上人烟稠密、粮船云集。河里船只往来,首尾相接,或纤夫牵拉,或船夫摇橹,有的靠岸停泊,正紧张地卸货,有的满载货物,逆流而上。

横跨汴河上的是一座规模宏大的木质拱桥,它结构精巧,形式优美,宛如飞虹,为虹桥。一只大船正待过桥。船夫们有用竹竿撑的,有用长竿钩住桥梁的,有用麻绳挽住船的,还有几人忙着放下桅杆,以便船只通过。船里船外的人都在为此船过桥而忙碌着。桥上的人,也伸头探脑地在为过船的紧张捏了一把汗。这里是闻名遐迩的虹桥码头,车水马龙、熙熙攘攘,名副其实是一个水陆交通的会合点。

热闹的市区街道:以高大的城楼为中心,两边的屋宇鳞次栉比,有茶坊、酒肆、脚店、肉铺、庙宇、公廨等等。商店中有绫罗绸缎、珠宝香料、香火纸马等的专门经营,此外,各行各业,应有尽有,大的商店门首还扎着"彩楼欢门",悬挂市招旗帜,招揽生意,街市行人,摩肩接踵,男女老幼,士农工商、三教九流,无所不备。交通运载工具有轿子、骆驼、牛马车、人力车、太平车、平头车,形形色色,样样俱全。

在五米多长的画卷里,共绘各色人物五百五十多个,牛、马、骡、驴等牲畜五六十匹,车、轿二十多辆,大小船只二十多艘。房屋、桥梁、城楼等也各有特色,体现了北宋东京汴梁交通的方方面面。

在交通方面还值得一提的是,北宋汴京城已经出现了车马的租赁服务。繁华的都市孕育了发达的城市交通,催生了租赁服务的产生。据《东京梦华录》记载:"寻常出街市干事,稍似路远倦行,逐坊巷桥市,自有假赁鞍马者,不过百钱。"[1]就是说,平时有事情出门,如果觉得路途稍远,行走较累,那么在各个道路旁、桥边、市场前,都会看到有出租马匹和车辆的,不过一百铜钱。

《续资治通鉴长编》景德元年(1004年)十一月:"诏官所所僦(租赁)京畿车乘,并籍其数,每乘赐千钱,以雪寒故也。"[2]不难看出,汴京的车马,还会出租给官方使用,并且是长年包租,景德元年冬天,因为天寒雪大,真宗特批钱财,赏赐给这些为官方提供租赁的车马,一车一千钱,慷慨大方。

在《东轩笔录》中记载了两个故事,都和马匹租赁有关,又带有笑话的意味,不妨一乐:

> 京师人多赁马出入,驭者先许其直,必问曰:"一去耶? 却来耶?"苟

---

①〔宋〕孟元老撰,邓之诚注:《东京梦华录注》,北京:中华书局,1982年版,第125页。

②〔宋〕李焘撰:《续资治通鉴长编》,北京:中华书局,1995年版,第1281页。

乘以往来,则其价倍于一去也。①

　　良儒以贫,不养马,每出,必赁之。一日将押大辟囚弃市,而赁马以往,其驭者问曰:"官人将何之?"良儒曰:"至法场头。"驭者曰:"一去耶? 却来耶?"闻者骇笑。②

汴京人出行多租马,遇到有人租马匹,马夫一定先问一句话:"去了还会来吗?"如果要返回,就要比单程多一倍的价钱。孙良儒因为家里贫困而养不起马,每次出行一定要租赁马匹。有一天,孙良儒奉命押解一个要处以死刑的犯人去法场行刑,又去租马。马夫问他:"你去什么地方?",孙良儒回答说:"去法场。"马夫说:"你去了还会来吗?"结果听到对话的人哄堂大笑,他们笑的是:去法场被行刑的犯人是有去无回了。

另一则:

　　许将坐太学狱,下御史台禁勘,仅一月日暨伏罪,台吏告曰:"内翰今晚当出矣。"许曰:"审如是,当为白中丞,俾告我家取马也。"至晓欲放,中丞蔡确曰:"案中尚有一节未完,须再供答。"及对毕,开门,已及二更以后,而从人谓许未出,人马却还矣。许坐于台门,不能进退,适有逻卒过前,遂呼告之曰:"我台中放出官员也,病不能行,可烦为于市桥赁一马。"逻卒怜之,与呼一马至,遂跨而行。是时许初罢判开封府,税居于甜水巷,驭者惧逼夜禁,急鞭马,马跃,许失绥坠地,腰膝尽伤,驭者扶之于鞍,又疾驱而去,比至巷,则宅门已闭。许下马坐于砌上,俾驭者扣门,久之无应者,驭者曰:"愿得主名以呼之。"许曰:"但云内翰已归可也。"驭者方知其为判府许内翰,且惧获坠马之罪,遽策马而走。许以坠伤,气息不属,不能起以扣门,又无力呼叫,是时十月,京师已寒,地坐至晓,迨宅门开,始得入。③

故事的主人公许内翰是汴京的判官,相当于现在的副市长,因为受案牵连,被劾下狱,关在御史台的大牢里,一个月后被告知:"今晚可以出狱了。"许内翰说:"把我关在监狱这么长时间,审理到这样的程度才放了我,就请为我代劳一下,告诉我的家人取马匹接我回家吧。"这天早上要释放许内翰的时候,却因为有案情的细节需要再审理,要求许内翰回答,到结束的时候,已经到了快半夜了,许家的人以为许内翰没有被放出来,所以人马早就回去

①〔宋〕魏泰撰,李裕民点校:《东轩笔录》,北京:中华书局,1983年版,第100页。

②同上。

③〔宋〕魏泰撰,李裕民点校:《东轩笔录》,北京:中华书局,1983年版,第103页。

了。许内翰被放出后坐在监狱大门的台阶上，无力行走，便找了一个小卒，告诉他："我是御史台监狱放出来的官员，病得严重而不能行走，是否可烦劳到市场、桥边租一匹马呢?"狱卒怜悯他，为他租到一匹马，扶他上马而行。当时许内翰刚刚被罢官，在甜水巷居住，马夫害怕宵禁被抓，所以赶马甚急，不料马受惊，腾空而起，将许内翰摔在了地上，腰和膝盖都受了伤。马夫赶快将许内翰又扶上马鞍，匆忙离去，到了甜水巷许宅后，发现宅门已经关闭，许内翰下马坐在台阶上，让马夫敲门，但久久也没有应答，马夫说："请问你叫什么名字，我喊你的名字里面就听到了。"许内翰说："你就说许内翰回来了。"到此，马夫才知道这是副市长许大人，因为害怕把市长大人摔下马而获罪，便赶快驱马逃跑。许内翰本就在监狱有重病，加之从马上摔下，气都喘不上来了，不能叫门，更不能起身敲门。这时已是十月了，汴京城开始寒冷起来，许内翰无奈只得在自家门前的台阶上坐到天亮，才进了家门，狼狈不堪。

东京梦华水陆并

《清明上河图》中的汴京城交通

大都衢道连千驿

马可·波罗游记中的元代交通

马可·波罗(1254—1324)(Marco Polo，又译马可·孛罗、马哥·波罗、马哥孛罗)，意大利威尼斯商人、旅行家及探险家。于中国元朝时，随他的父亲和叔叔通过丝绸之路来到中国，担任元朝官员。曾在中国游历了17年，访问当时中国的许多古城，到过西南部的云南和东南地区。回到威尼斯后，马可·波罗在一次威尼斯和热那亚之间的海战中被俘，在监狱里口述其旅行经历，由鲁斯蒂谦以普罗旺斯语写出《马可·波罗游记》。出版之后很快翻译成其他欧洲国家语言，风靡欧洲。

图94　马可·波罗像

下面就让我们跟随马可·波罗，去领略一下13世纪的中国，以一个外国人的视角去见证那时中国的都市与交通状况。

一、丝路之旅

从中亚进入中国首先便需要翻越帕米尔高原，这个过程异常艰辛：

> 这个高原名叫帕米尔高原，沿高原走十二日，看不见一个居民，因此出发前必须准备好一切路上所需的食物。此处群山巍峨，看不见任何鸟雀在山顶上盘旋；同时因为高原上空气稀薄的缘故，点起火来，不能产生与低地同样的热力，对于烹煮食物也难以产生同样的效果，这种

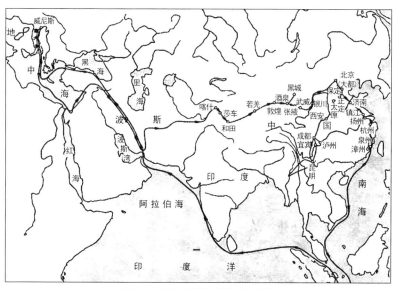

图95　马可·波罗旅行路线示意图

现象虽然让人觉得不可思议，但却是被事实证实了的。

　　走完十二天路程后，仍须向同一方向再走四十日，经过连绵不断的山峰和沟谷，穿过许多河流与荒地，看不见任何住所或青草，每种食物必须自行携带。[①]

经过艰苦卓绝的旅程后，便到达美丽的喀什：

　　终于我们到达一个叫喀什噶尔的地方，据说这里从前是一个独立的王国，但现在隶属于大汗的版图。居民信奉回教。这个省十分辽阔，有许多市镇和城堡，喀什噶尔是其中最大的和最重要的。居民的语言是他们所特有的。他们以商业和制造业为生，棉织业尤其发达。他们有美丽的花园、果园、葡萄园，棉花、亚麻和大麻的产量都十分丰富，国中的商人遍布世界各地。[②]

接下来是叶尔羌和和田。叶尔羌（今新疆疏勒）："是一个宏伟壮丽的城市，城内有美丽的花园，周围有盛产一切果实的平原。"当时的和田物产丰富："一切人民生活所必需的东西，这里都极为丰富。同时此处还盛产棉花、

---

　　①〔意〕马可·波罗著：《马可·波罗游记》，梁生智译，北京：中国文史出版社，2011年版，第55页。

　　②〔意〕马可·波罗著：《马可·波罗游记》，梁生智译，北京：中国文史出版社，2011年版，第56页。

亚麻、大麻、谷类、酒和其他物品。居民经营农场、葡萄园,并有无数花园,他们以商业和制造业维持生活。"①

喀什、叶尔羌、和田均在塔克拉玛干大漠南缘的绿洲上,这条路正是丝绸之路新疆部分的南道,马可·波罗以一个外国人的视角记录了当时丝绸之路南道的繁荣。

接下来的路程要穿越沙漠,自然条件极为恶劣,人们要准备充分,在第五章和第六章《罗布镇》部分,书写了穿越罗布沙漠的艰难:

> 罗布镇位于东北方,靠近一个大荒原——罗布荒原——的入口处。此镇属于大汗的版图,居民信奉回教。所有要经过罗布荒原的旅客,通常都在此处停留一段时间。一方面可以恢复体力,另一方面可以预备将来行程所需要的物品。他们将食物和商品都装在那些强壮的驴子和骆驼背上。如果这些牲畜在走完这个荒原之前,就已精疲力竭,不能前进的话,商旅就把它们杀而食之。不过这里的人用骆驼的多,用驴子的少,因为骆驼能载重物,而食量又小,比较合算。

> 人们必须要准备能够支持一个月的食物,因为即使从荒原的最窄处穿过也需要一个月时间。倘若要穿过它的最宽部分,几乎需要一年的时间,而要携带如此多的食物,实在是不可能的。在这三十天的路程中,不是经过沙地,就是经过不毛的山峰。不过在每晚所停留的地方可以找到水,水量虽然不多,但却足够供给一百人和他们所携带的牲口之用。有三四个停留地的水又苦又咸,但其余二十处的水却都是甜的。这一带没有任何禽兽,因为没有足够的食物可以养活它们。②

和沙漠艰苦的环境相比,更为可怕则是沙漠中的幽灵:

> 这个荒原是许多可恶的幽灵的住所。它们戏弄商旅,使他们产生可怕的幻觉,陷入毁灭的深渊。这是一个众所周知的事实。有些旅人如果在白天睡觉或被其他事情所困,落在后面,而骆驼商队却已经转过山脚,不见了踪迹。那时,他们就会突然听见有人在呼唤自己的名字,并且口音很熟。他们误以为是同伴的呼叫,就会跟着呼声走下去,而这恰恰误入了歧途,迷失了方向,最后只好坐以待毙。如果在晚上,掉队

---

① 〔意〕马可·波罗著:《马可·波罗游记》,梁生智译,北京:中国文史出版社,2011年版,第56页。

② 〔意〕马可·波罗著:《马可·波罗游记》,梁生智译,北京:中国文史出版社,2011年版,第61页。

的人会听见大队人畜在道路的这边或那边行进的声音,他们又会认为这是他们同伴的足音,于是向发声地方走去。等到天一破晓,他们才发现自己已经离开了大道,陷入了一个危险的境地。这些幽灵有时在白天幻化成他们同伴的样子,呼唤他们的名字,并尽力引导他们离开正道。据说还有些人在经过这个荒原的时候,看见一支全副武装的军队迎面而来。为了不被抢掠,这些人便夺路而逃,但却因此迷失了方向,不知道往哪边前进,最后悲惨地饿死。据说,这些幽灵,有时会在空中发出乐器的响声、鼓声和刀枪声,使商旅们不得不缩短自己的队伍,采取密集队形前进。商旅们在晚上休息之前必须小心谨慎,要定下一个前进的标志,来指出第二天要走的路,并在每只牲畜的身上挂一个响铃,以便在失散后易于控制。这就是在经过这个荒原时不可避免的麻烦与危险。①

这些奇诡的现象现在可以得到地理学和大气学的科学解释,然而当时的人们却只能归结与鬼怪幽灵了。穿过罗布沙漠后,便进入了一条绿色的走廊——河西走廊,这里有祁连山冰雪融水灌溉,水草丰美,农耕发达。

他们首先到达河西走廊的西端:沙州(今甘肃敦煌)。沙州的"居民不从事商业,而主要从事农耕,此处盛产小麦","城中有许多寺院,寺中供奉着各种各样的偶像。居民对这些偶像十分虔诚,常常祭以牲畜"。此后向东进入肃州(今甘肃酒泉)。这里的"山区中盛产最优质的大黄。由各地商人运到世界各处出售"。继续向东进入甘州(今甘肃张掖),甘州"颇为宏大,城内有管辖全省的政府机关",马可详细记录了当时甘州佛教的繁盛:

> 许多庙宇,供奉着大量的偶像。其中有些是木雕的,有些是石制的,有些是泥塑的,但这些偶像都装饰得十分富丽并全身都贴了一层金皮。就雕刻本身讲,也是千姿百态,栩栩如生,有些偶像魁梧高大,有些却小巧玲珑。其中有的偶像呈侧卧式长十步,小鬼则在后面,像弟子一样恭敬侍立。这些偶像都极受当地居民们的敬仰。偶像崇拜者中间的祭司——按照他们的道德观念——所过的生活比其他人都要高尚,他们不吃肉,不结婚。②

由于父亲、叔父之故,马可在这个城市大约逗留了一年。离开甘州后,

①〔意〕马可·波罗著:《马可·波罗游记》,梁生智译,北京:中国文史出版社,2011年版,第61~63页。

②〔意〕马可·波罗著:《马可·波罗游记》,梁生智译,北京:中国文史出版社,2011年版,第68页。

大都衢道连千驿

马可·波罗游记中的元代交通

继续向东走了五天,到达西凉(今甘肃武威)。马可对武威的白牦牛很感兴趣:

> 这里有一种野兽,大小可与大象相比。它们的颜色黑白相间,十分美丽,除掉肩上的毛高达三手掌之外,全身其余的毛都十分光洁,向下垂着,它们的毛是白色的,比丝更加柔软细密。

> 它们和普通母牛交配生下的小牛犊,十分珍贵。它们耐劳的程度比其他任何一种牛都要高。这种新品种力大无比,比普通牛能驮更重的东西,能做两倍的工作。①

马可·波罗还在《游记》中得意地说,他曾"被好奇心所驱使,带了一些这种毛回威尼斯,亲眼看见的人都觉得所说不假"。

离开西凉继续向东,就离开了美丽的河西走廊,马可·波罗沿丝绸之路的旅程即到此结束,此后,马可·波罗一行继续向东北抵达元朝的夏都上都。

二、汗八里

"汗八里城位于契丹省的一条大河上,自古以来就以庄严华丽著称。"城名的含义是指"帝都"。都城"整体呈正方形,周长二十四英里,每边为六英里,有一土城墙围绕全城。城墙底宽十步,愈向上则愈窄,到墙顶,宽不过三步。城垛全是白色的。城中的全部设计都以直线为主,所以各条街道都沿一条直线,直达城墙根。一个人若登上城门,向街上望去,就可以看见对面城墙的城门。在城里的大道两旁有各色各样的商店和铺子。全城建屋所占的土地也都是四方形的,并且彼此在一条直线上,每块地都有充分的空间来建造美丽的住宅、庭院和花园。各家的家长都能分得一块这样的土地,并且这块土地可以自由转卖。城区的布局就如上所述,像一块棋盘那样。整个设计的精巧与美丽,非语言所能形容"。②

作为国家的首都,北京城有着众多的人口和繁荣的商业:

> 汗八里城内和相邻城门的十二个近郊的居民的人数之多,以及房屋的鳞次栉比,是世人想象不到的。近郊比城内的人口还要多,商人们和来京办事的人都住在近郊。在大汗坐朝的几个月间,这些人各怀所求从四面八方蜂拥而至。

---

①〔意〕马可·波罗著:《马可·波罗游记》,梁生智译,北京:中国文史出版社,2011年版,第83页。

②〔意〕马可·波罗著:《马可·波罗游记》,梁生智译,北京:中国文史出版社,2011年版,第111~112页。

凡是世界各地最稀奇最有价值的东西也都会集中在这个城里,尤其是印度的商品,如宝石、珍珠、药材和香料。契丹各省(泛指中国北方)和帝国其他地方,凡有值钱的东西也都运到这里,以满足来京都经商而住在附近的商人的需要。这里出售的商品数量比其他任何地方都要多,因为仅马车和驴马运载生丝到这里的,每天就不下千次。我们使用的金丝织物和其他各种丝织物也在这里大量的生产。

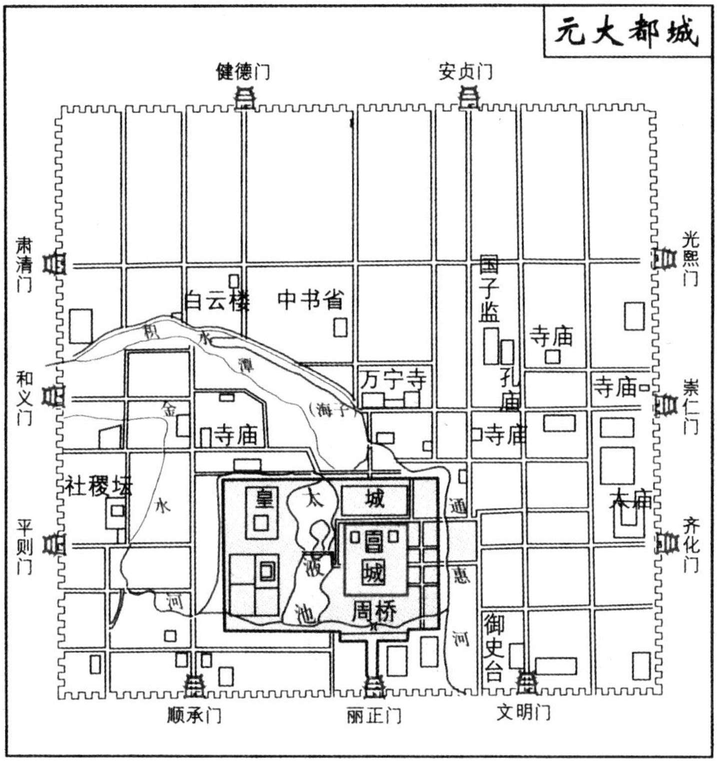

图96　元大都城复原图

大都衢道连千驿

马可·波罗游记中的元代交通

　　在都城的附近有许多城墙围绕的市镇,这里的居民大都依靠京都为生,出售他们所生产的物品,来换取自己所需的东西。①

　　尤其难得的是马可·波罗记载了当时的驿站及信差的详细情况,让我们得以真切地了解当时的交通状况:

----

①〔意〕马可·波罗著:《马可·波罗游记》,梁生智译,北京:中国文史出版社,2011年版,第127页。

从汗八里城有许多道路通往各省。每条路上，或者说，每一条大路上，按照市镇的位置，每隔大约二十五或三十英里，就有一座宅院，院内设有旅馆招待客人，这就是驿站或递信局。这些漂亮的建筑物内有好些陈设华丽的房间，房间都用绸缎做窗帘和门帘，以供达官贵人使用。即便是王侯在这些驿站上住宿，也不失体面，因为无论需要什么东西都可以从邻近的市镇和要塞那里取得，朝廷对于某些驿站还有经常的供给。

每一个驿站上常备有四百匹良马，用来供给大汗信使往来之用，因为所有的专使都可能会留下疲惫的坐骑，换取壮健之马。即使在多山的地区，离大道很远，没有村落，又和各市镇相距十分遥远，大汗也同样下令建造同样样式的房屋，提供各种必需品，并照常准备马匹。

大汗又命令人民移居这种地方，以便开垦土地，并维护递信的差使，由此便形成了许多的村落。这种规划的结果，给来到帝国朝廷的专使和来往于各省和各王国的钦差，提供了很大的方便。大汗在管理这一切事务方面，表现得比其他任何皇帝、君主或普通人都要高明。

在大汗的整个疆土内，在递信部门服务的马匹不下二十万，而设备齐全的建筑物也有一万幢。这真是十分奇异的一种制度，因而在行动上也很有效率，几乎不能用言语来形容。

……

在各个驿站之间，每隔三英里的地方就有一个小村落，大约由四十户人家组成。其中住着步行信差，也同样为大汗服务。他们身缠腰带，并挂上几个小铃，以便在较远的地方就能被人听到。他们仅仅走三英里路，这就是说从一个信差站到另一个，铃声就作为他走近的信号，新的信差听到铃声就准备接上他的包袱立即出发。这样一站一站地传递，非常迅速，在两天两夜之内，大汗就能接到远处的消息。如按普通的方法递送，则在十天之内也不能接到。当果子成熟的季节，早晨在大都采的果子，到了第二天晚上就可送到上都大汗的面前了，虽然两地的距离通常要走上十天。

在每一个三英里的站上有一个书记，负责将一个信差到来与另一个信差出发的时间记录下来，所有驿站都是这样做的。此外，还有官吏每月到驿站来巡视一次，以便考查他们的管理情形。所有失职的信差都会受到惩罚。这些信差不但免除一切捐税，还能得到大汗丰厚的津贴。

　　养驿马的所有费用并不需要直接拨款。邻近各个城市、市镇和村落必须供给马匹，并且还要负责饲养。各城市的长官按照大汗的命令，派遣精明的人去考察马匹，确定居民私人所能供给的数目。各市镇和村落也同样按照居民的财力强制征收，所有居住在驿站两边的人都要捐助适当的份额。赡养马匹的费用以后再从各城市上缴给大汗的税收中扣除。

　　不过大家必须知道，四百匹马并不全部同时在驿站服役，只有二百匹马放在站上供差一月。其余二百匹马在这个时候就放在草场上饲养。每到月初，这些马又到驿站上服役，原来服役的马则放回牧场，得以休养。所有的马就这样轮流使用。

　　如果遇着河流或湖泊等地，而步行信差或驿卒又必须经过，那么邻近各城必须要准备三四条小舟，以便随时使用。如遇上几个月路程的荒原，又无法取得食宿，那么荒原边界上的城市对于往来朝廷间的专使，则必须供给马匹和食物，以满足他们和随从的需要。但大汗对于这样的城市会给予一定的报酬。所有距离大路较远的驿站，他们的一部分马匹就由皇家提供，而这个区域内的各城市和市镇仅需要提供剩下一部分就可以了。

　　如果遇到某处一个首领发生叛乱，或者其他重要事变，必须要用极快的速度传递消息，那么驿卒每日要奔驰二百英里，有时要奔驰二百五十英里。在这个时候，他们携带一块刻有白隼的牌子，作为紧急和疾驰的符号。如有两个驿卒同去，便在同一地点乘上良马同时起程。他们将衣服绑紧，头上缠一块头巾，用最快的速度策马前进。这样连续奔驰，一直到前面的驿站为止，即至二十五英里的距离为止，然后在驿站换上两匹准备好了的强健的新马，片刻不停，立即前进，这样一站一站地换马，直至日落为止，便奔驰了二百五十英里。

　　他们在极端紧急的关头，夜间也照样策马前行，如果没有月亮，就由步行的人持灯跑步，在前面带路，一直这样一站一站传递下去。当然在夜间驱驰不能很快，因为步行的人毕竟速度有限。能经受这样极度劳累的信差，一定会受到人们的敬重。①

大都衢道连千驿
马可·波罗游记中的元代交通

---

①〔意〕马可·波罗著，梁生智译《马可·波罗游记》中国文史出版社，2011年版，第135～138页。

三、漫游中国

正如马可·波罗所说："大汗曾派遣马可到帝国的西部出任专使。他离开汗八里后,向西方前进,足足走了四个月。"马可·波罗把此次出使悉心做了记载,我们截取马可·波罗从北京到云南的线路做以介绍。

"离开都城走十英里,来到一条叫白利桑干河(永定河)的河旁,河上的船只载运着大批的商品穿梭往来,十分繁忙。"接下来,马可·波罗详细描绘了永定河上的卢沟桥:

这条河上有一座十分美丽的石桥,在世界上恐怕无与伦比。此桥长三百步,宽八步,即使十个骑马的人在桥上并肩而行,也不会感觉狭窄不便。这座桥有二十四个拱,由二十五个桥墩支撑着,桥拱与桥墩都由弧形的石头砌成,显示了高超的技术。

桥的两侧用大理石片和石柱各建了一道短墙,气势十分雄伟。桥的上升处比桥顶略宽些,但一到桥顶,桥的两侧便形成直线,彼此平行。在桥面的拱顶处有一个高大的石柱

图97　卢沟桥

立在一个大理石的乌龟上,靠近柱脚处有一个大石狮子,柱顶上也有一个石狮。桥的倾斜面上还有一根雕有石狮的美丽的石柱,这个狮子离前一个狮子一步半,全桥各柱之间都嵌有大理石板。这与石柱上那些精巧的石狮,构成了一幅美丽的图画。这些短墙是为了防止旅人偶然失足落水而设置的。①

马可·波罗是第一个详细记载卢沟桥的西方人,在西方,人们就用"马

---

① 〔意〕马可·波罗著:《马可·波罗游记》,梁生智译,北京:中国文史出版社,2011年版,第145~146页。

可·波罗桥"来称呼卢沟桥。

过了卢沟桥,"向西前进三十英里,经过一个有许多壮丽的建筑物、葡萄园和肥沃土地的地方,到达一座美丽的大城市叫涿州(今河北涿州)"。"离城一英里,就是大路的分岔处,一条向西,一条向东南,向西的路经过契丹省(泛指中国北方),向东南的路通往蛮子省(泛指中国南方)"。马可·波罗提到的是元代大都通往西、南的交通干线。

离开涿州进入山西,首先到达大同。"这里的商业十分发达,各种物品都能制造,尤其是以武器和其他军需品见长,它们从这里直接提供给皇家卫队使用,十分便利。葡萄园为数甚多,所以可以生产大量的葡萄。其他果实也很丰富,桑树及养蚕业也很发达。"①

经过平阳(今山西临汾)、河中(今山西永济)后,抵达黄河:

> 喀拉摩拉河(黄河)。此河既深且广,所以无法在上面建造一座坚固的桥梁。这条河一直向东流入大海,河的两岸有许多城市与城堡,里面住着大批的商人,从事广泛的贸易。邻河的区域生产姜和大量丝绸。
>
> 这里的鸟雀多得令人难以相信,尤其是雉,一个威尼斯银币可买三只。此外还盛产一种大竹,有些竹子的周长有一尺,有些则达一尺半,当地的居民将竹子用于生活的各个方面。②

当然,如今的黄河中游已没有元代时的鸟群和竹林了。过黄河后进入陕西,直抵京兆府城:"这个城市是一个很有势力的大王国的都城,是许多君主的长驻之所,该城以制造武器著称。大汗现在将这里的统治权交给他的儿子忙哥剌,让他负责治理。这里是一个大商业区,以制造业著称。盛产生丝、金丝织物和其他绸缎,军队所需的各种物品也同样能够制造。各种食物也都十分丰富,并能用中等价格购得。"③足见当时西安的富庶。

离开西安向西南,马可到达汉中。"这一带并不缺少居民,他们崇拜偶像,从事农耕。这里大多属于森林地带,所以他们又以打猎为生。森林中有许多野兽,如虎、熊、山猫、黄鹿、羚羊、赤鹿以及其他许多动物,这可以使居

马可·波罗游记中的元代交通

---

① 〔意〕马可·波罗著:《马可·波罗游记》,梁生智译,北京:中国文史出版社,2011年版,第147~148页。

② 〔意〕马可·波罗著:《马可·波罗游记》,梁生智译,北京:中国文史出版社,2011年版,第150页。

③ 〔意〕马可·波罗著:《马可·波罗游记》,梁生智译,北京:中国文史出版社,2011年版,第151页。

民获得很好的收入。"①

由汉中向西南走二十天到达阿克八里城(今四川广元),再向西南走二十天抵达成都。马可描述道:"这是一座壮丽的大城。""有许多大川深河发源于远处的高山上,河流从不同方向围绕并穿过这座城市,供给该城所需的水。这些河流有些宽达半英里,有些宽两百步,而且都很深。城内有一座大桥横跨其中的一条大河,从桥的一端到另一端,两边各有一排大理石桥柱,支撑着桥顶,桥顶是木质的,装饰着红色的图案,上面还铺着瓦片。整个桥面上有许多别致的小屋和铺子,买卖众多的商品,其中有一个较大的建筑物是收税官的居所。"马可·波罗也第一次抵达长江:"这些河和城外的各支流汇合成一条大河,叫作长江。此江的水道在东流入海之前,约有一百日的路程。""在这条江的两旁和邻近的地方有许多市镇与要塞。江中的船舶川流不息,运载着大批的商品,来往于这些城市。"②

马可·波罗继续南行,便抵达今四川雅安一带,当时这些地区被认为是西藏的一部分,由于刚受过战乱,马可·波罗眼中的雅安一片疮痍:"这里真是荒凉满目。在二十日路程的距离中,只能看见无数市镇和城堡的废墟。因为人烟稀少,各种野兽,尤其是老虎成群结队,出没无常,使得商人和其他旅客在夜间面临很大的危险。"③

商旅们在途经此地时也必须小心:

> 商旅们不仅必须携带粮食,并且在到达投宿地后,还必须极其小心,采取以下的防御措施,以保护他们的马匹免遭吞噬。在这个地方,特别是在各条河的附近,有很多竹子,高约十步,周长三手掌,每节的距离也长三手掌。旅客们将几根青竹绑在一起,到了晚上,放在他们营地的附近,点起火堆,用火烧青竹。火的热力足以使竹节爆开,发出很大的声音。这种声音大约可传到二英里以外,野兽听了十分害怕,于是纷纷逃避。

> 商人们还得准备铁铸锁住马腿,否则,马被这种声音所惊,也会脱缰而逃。有许多人因为没有采取这种防御措施,所以白白失去了自己

①〔意〕马可·波罗著:《马可·波罗游记》,梁生智译,北京:中国文史出版社,2011年版,第152页。

②〔意〕马可·波罗著:《马可·波罗游记》,梁生智译,北京:中国文史出版社,2011年版,第153~154页。

③〔意〕马可·波罗著:《马可·波罗游记》,梁生智译,北京:中国文史出版社,2011年版,第154页。

所带的牲畜。就这样走二十日，穿过一个荒原，既没有旅馆，也没有食物，也许三四天才可得到一个机会，补充一些必需品。商旅们要到这段路程的最后，才能看见有少数的城堡和武装的市镇建筑在岩石的高处或山巅上。从此以后，才渐渐进入到一个有人烟和耕作的区域，而不再有猛兽侵害的危险了。①

离开雅安，马可·波罗到达四川的西昌。马可·波罗记录了这里丰富的物产："在它的附近有一个大咸水湖，盛产珍珠，颜色洁白，但不是圆形。珍珠产量极其丰富……邻近有一座山，盛产绿松石。""这里也有大批的麝，所以麝香也很多。同时湖中出产各种鱼类。此外，如虎、鹿、大鹿和羚羊也都是当地的特产，还有各种各样的鸟雀数量也很多。至于这里的酒，则不是由葡萄酿成的，而是由小麦、米和香料制成，实属佳品。"②

离开西昌后又向南走了十日，渡过金沙江便进入哈喇章（今云南）。又经过五天，马可·波罗抵达哈喇章省会押赤今（今云南昆明）。他说："这是一座宏伟壮丽的大城市。城中有大量的商人和工匠。这里居民成分十分复杂，有偶像崇拜者、聂斯托利派基督教徒、萨拉森人或伊斯兰教徒，但偶像崇拜者的人数最多。这里盛产米、麦，但人民认为小麦制成的面包有害健康，所以不吃面包而吃大米。他们还用其他谷类加入香料来酿酒，酿出的酒清澈可口。至于货币，是用海中的白贝壳充当，这种贝壳也可制成项链。八十个贝壳可兑换一个银币。这里有许多盐井，居民所用的盐都来自这里。盐税是大汗的大宗收入。"③

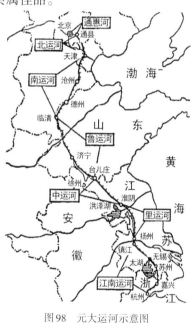

图98 元大运河示意图

①〔意〕马可·波罗著：《马可·波罗游记》，梁生智译，北京：中国文史出版社，2011年版，第154～155页。

②〔意〕马可·波罗著：《马可·波罗游记》，梁生智译，北京：中国文史出版社，2011年版，第157～159页。

③〔意〕马可·波罗著：《马可·波罗游记》，梁生智译，北京：中国文史出版社，2011年版，第160页。

大都衢道连干驿

马可·波罗游记中的元代交通

离开押赤城,向西走十日,便到达哈剌章省的一个主要城市,哈喇章城(今云南大理)。这里盛产黄金:"该处的每条河道都出产金沙,金沙有的是分散为一小堆一小堆的,有的则是大量聚集在一起的。山中也有储量丰富的金矿。因为黄金储量很大,所以一个金币只能兑换六个银币。"①

此后,马可·波罗继续南行,经过永昌(今云南保山),记录了当地各种奇异风俗,如文身、男子育婴、萨满治病等等,便离开中国境内进入缅甸了。

从北京到泉州的路线是马可·波罗记载更为详尽的,他在这条路线上走过很多次,对沿途情况非常熟悉。

和从北京到云南的路线一样,从北京到涿州的路线是重复的,此后,经过南行的大道,马可向东南走。经过长芦(今河北沧州),马可·波罗为我们描述了沟通中国南北方的重要河道——京杭大运河。马可·波罗这样描述:"(运河)将内河及湖沼连接","凡大河与大河之间,湖泊与湖泊之间,都掘出河道,河中水宽而深,就像大河一样。它起到了很好的联结作用。满载货物的大船可以从瓜州(今江苏扬州)一直航行到汗八里城(今北京)。"

马可·波罗继续南行,到达济宁(今山东济宁)。这里是南北的交通要道,城市繁荣:"这是一个雄伟美丽的大城,商品与手工艺制品特别丰富。所有居民都是偶像崇拜者,是大汗的百姓,使用纸币。"②

"城的南端有一条很深的大河经过,居民将它分成两个支流(运河),一支向东流,流经契丹省,一支向西流,经过蛮子省。河中航行的船舶,数量之多,几乎令人不敢相信。这条河正好供两个省区航运,河中的船舶往来如织,仅看这些运载着价值连城的商品的船舶的吨位与数量,就会令人惊讶不已。"③

经过徐州、邳州后,马可·波罗抵达黄河,当时的黄河夺淮河入海,与今日河道不同。"河宽一英里,水道极深,大船可以满载货物顺利航行。这里鱼的产量也很大。""这条河离大海一英里的地方有一个码头可停泊船只一万五千艘。每只船除船员与必要的储藏品和食品外,还可装载十五匹马和二十个人。这些船是大汗命令随时备用的,如果印度的任何一座岛屿一旦发

---

①〔意〕马可·波罗著:《马可·波罗游记》,梁生智译,北京:中国文史出版社,2011年版,第161页。

②〔意〕马可·波罗著:《马可·波罗游记》,梁生智译,北京:中国文史出版社,2011年版,第176页。

③〔意〕马可·波罗著:《马可·波罗游记》,梁生智译,北京:中国文史出版社,2011年版,第179页。

生叛乱就可以装载军队前往,或者前往其他更远的,有待征伐的地方"。[1]

淮安、宝应、高邮、泰州、真州(今江苏仪征)等地工商业兴旺,生活必需品也十分充裕,人民生活富足。在真州,马可·波罗渡过长江。长江给马可·波罗的印象深刻:

> 至于这条江,则是世界上最大的河流,有些地方河面宽达十英里,有些地方宽八英里,还有些地方宽六英里。它的长度,从源头到出海口,有上百日的路程。它还有许多可以通航的支流。这些支流发源于远方,最后都汇入大江,所以大江的容量之大,全依赖于这些支流。
>
> 无数的城市和市镇坐落在它的两岸,享有其航运好处的多达十六个省和二百多个城镇。至于航运量之大,非亲眼所见的人,是不会相信的。然而当我们想到它的长度之大和支流之多时,对于其运输商品的数量与价值的不可胜计,也就用不着惊讶了。其中主要的商品是盐,这些盐先由江河支流运到沿岸各个城镇,然后再从这些城镇运到内陆各地。[2]
>
> 曾经有一个时期,马可·波罗在九江市看见的船舶不下一万五千艘,还有沿江的其他市镇,船舶的数目要更多些。所有这些船都有甲板,并且都是单桅船。它们的载重量一般是威尼斯的四千坎脱立或四十万公斤,其中有些载重量可达一万二千坎脱立。它们除了在桅杆和帆上使用麻绳外,在其他地方均不使用。前面已经说过,此地有一种十五步长的竹子,他们首先把这种竹子剖成纤细的竹篾,然后将其织成三百步长的缆绳。这种缆绳的制作十分精巧,牵引力和麻绳相当。
>
> 每艘船都由十四或十二匹马拉着缆绳逆江前行。沿江岸的许多地方都有小山和小岸石,在上面建有偶像的神庙或其他高大的建筑物,至于村落和居住的地方更是接连不断。[3]

渡过长江,马可·波罗到达瓜州对岸的镇江,此后又抵达常州。也是同样的富庶:"这是一个美丽的大城,盛产生丝,并且可用它来织造各种花色的绸缎。这里的生活必需品也十分丰富。各种猎物给人们提供了良好的游猎

大都衢道连千驿

马可·波罗游记中的元代交通

---

①〔意〕马可·波罗著:《马可·波罗游记》,梁生智译,北京:中国文史出版社,2011年版,第180页。

②〔意〕马可·波罗著:《马可·波罗游记》,梁生智译,北京:中国文史出版社,2011年版,第187~188页。

③〔意〕马可·波罗著:《马可·波罗游记》,梁生智译,北京:中国文史出版社,2011年版,第188页。

机会。"①

　　苏州也同样如此:"苏州是一个壮丽的大城,周围有二十英里,出产大量的生丝,这里的居民不仅将它用来织造绸缎,供自己消费,从而使所有的人都穿上绸缎,而且还将之运往外地市场出售。他们中间有些人因此而成了富商。城中居民之多,确实令人惊叹。"②

　　有趣的是马可·波罗称苏州为"地上的城市",因为南宋时期中国就有"上有天堂,下有苏杭"的说法了,所以不是太了解汉语的马可称呼杭州为"天上的城市",称呼苏州为"地上的城市"也就不足为怪了。

　　杭州被马可·波罗称为"天城",他描绘了杭州的方方面面,比如杭州城便利的交通状况:

　　　　按照通常的估计,这座城方圆约有一百英里,它的街道和运河都十分宽阔,还有许多广场或集市,因为时常赶集的人数众多,所以占据了极宽敞的地方。这座城市位于一个清澈澄明的淡水湖与一条大河之间。湖水经由大小运河引导,流入全城各处,并将所有垃圾带入湖中,最终流入大海。城内除了陆上交通外,还有各种水上通道,可以到达城市各处。所有的运河与街道都很宽阔,所以运载居民必需品的船只与车辆,都能很方便地来往穿梭。

　　　　该城中各种大小桥梁的数目达一万二千座。那些架在大运河上,用来连接各大街道的桥梁的桥拱都建得很高,建筑精巧,竖着桅杆的船可以在桥拱下顺利通过。同时,车马可以在桥上畅通无阻,而且桥顶到街道的斜坡造得十分合适。如果没有那么多桥梁,就无法构成各处纵横交错水陆的十字路。③

　　杭州都市的繁华:

　　　　城内除掉各街道上密密麻麻的店铺外,还有十个大广场或市场,这些广场每边都长达半英里。大街位于广场前面,街面宽四十步从城的一端笔直地延伸到另一端,有许多较低的桥横跨其上。这些方形市场

────────────────

　　①〔意〕马可·波罗著:《马可·波罗游记》,梁生智译,北京:中国文史出版社,2011年版,第190页。

　　②〔意〕马可·波罗著:《马可·波罗游记》,梁生智译,北京:中国文史出版社,2011年版,第191页。

　　③〔意〕马可·波罗著:《马可·波罗游记》,梁生智译,北京:中国文史出版社,2011年版,第192～193页。

交通变迁与城市发展·交通

彼此相距四英里。在广场的对面,有一条大运河与大街的方向平行。这里的近岸处有许多石头建筑的大货栈,这些货栈是为那些携带货物从印度和其他地方来的商人而准备的。从市场角度看,这些广场的位置十分利于交易,每个市场在一星期的三天中,都有四五万人来赶集。所有你能想到的商品,在市场上都有销售。

此处各种种类的猎物都十分丰富,如小种牝鹿、大赤鹿、黄鹿、野兔,以及鹧鸪、雉、类雉的鹧鸪、鹌鹑、普通家禽、阉鸡,而鸭和鹅的数量更是多得不可胜数,因为它们很容易在湖中饲养,一个威尼斯银币可买一对鹅和两对鸭。

城内有许多屠宰场,宰杀家畜——如牛、小山羊和绵羊——来给富人与大官们的餐桌提供肉食。至于贫苦的人民,则不加选择地什么肉都吃。

一年四季,市场上总有各种各样的香料和果子。特别是梨,硕大出奇,每个约重十磅,肉呈白色,和糨糊一样,滋味芳香。还有桃子,分黄白二种,味道十分可口。这里不产葡萄,不过,其他地方有葡萄干贩来,味道甘美。酒也有从别处送来的,但本地人却不喜欢,因为他们吃惯了自己的谷物和香料所酿的酒。城市距海十五英里,每天都有大批海鱼从河道运到城中。湖中也产大量的淡水鱼,有专门的渔人终年从事捕鱼工作。鱼的种类随季节的不同而有差异。当你看到运来的鱼,数量如此多,可能会不信它们都能卖出去,但在几个小时之内,就已销售一空。因为居民的人数实在太多,而那些习惯美食,餐餐鱼肉并食的人也是不可胜数的。

这十个方形市场都被高楼大厦环绕着。高楼的底层是商店,经营各种商品,出售各种货物,香料、药材、小装饰品和珍珠等应有尽有。有些铺子除酒外,不卖别的东西,它们不断地酿酒,以适当的价格,将新鲜货品供应顾客。同方形市场相连的街道,数量很多,街道上有许多浴室,有男女仆人服侍入浴。这里的男女顾客从小时起,就习惯一年四季都洗冷水浴,他们认为这对健康十分有利。不过这些浴室中也有温水,专供那些不习惯用冷水的客人使用。所有的人都习惯每日沐浴一次,特别是在吃饭之前。[1]

大都衢道连千驿

马可·波罗游记中的元代交通

---

① 〔意〕马可·波罗著:《马可·波罗游记》,梁生智译,北京:中国文史出版社,2011年版,第193～195页。

西湖上美丽的画舫：

　　湖中还有大量的供游览的游船或画舫,这些船长约十五至二十步,可坐十人、十五人或二十人。船底宽阔平坦,所以航行时不至于左右摇晃。所有喜欢泛舟行乐的人,或是携带自己的家眷,或是呼朋唤友,雇一条画舫,荡漾水面。画舫中,舒适的桌椅和宴会所必需的各种东西一应俱全。船舱上面铺着一块平板,船夫就站在上面,用长竹竿插入湖底——湖深不过一、二寻——撑船前进,一直到达目的地。这些船舱内油彩艳丽,并绘有无数的图案;船的各处也同样饰以图画,船身两侧都有圆形窗户,可随意开关,使游客坐在桌前,便能饱览全湖的风光。这样在水上的乐趣,的确胜过陆地上的任何游乐。因为,一方面,整个湖面宽广明秀,站在离岸不远的船上,不仅可以观赏全城的宏伟壮丽,还可以看到各处的宫殿、庙宇、寺观、花园,以及长在水边的参天大树,另一方面又可以欣赏到各种画舫,它们载着行乐的爱侣,往来不绝,风光旖旎。①

在马可·波罗的笔下,杭州是美不胜收的,也是让人留恋和怀念的。

离开杭州后,马可经睦州(今浙江建德)、婺州(今浙江金华)、衢州(今浙江衢州)、信州(今江西上饶)等地进入福建。从信州经过六天的旅程,到达建宁府(今福建建瓯)。这里"有三座建筑美观的桥梁,桥长一百步,宽八步。这里的妇女非常漂亮,而且生活奢华安逸。此处还盛产生丝,并且能将生丝织成各种花色的绸缎。棉布则是由各种颜色的棉纱织成的,行销蛮子省各地。居民从事商业"。

离开建宁府,前行三日,来到侯官城(今福建南平)。这里"以大规模的制糖业著称,所产的糖大多运往汗八里,专门供给宫廷"。②继续走十五天,就到达福州城。"这个城市的中央有一条河横贯而过,河面宽一英里,两岸都建有高大豪华的建筑物。在这些建筑物前面停泊着大批的船只,满载各种货品,特别是糖,因为这里也出产大量的糖。有许多商船来自印度,装载着各种珍珠宝石,一旦售出,即可获得巨大的利润。这条河离刺桐港不远,河水直接流入海中,因此印度来的船舶可以直接到达这个城市。这里的各种食物都很丰富,并且还有许多令人赏心悦目的果园,出产优质美味的水

　　①〔意〕马可·波罗著:《马可·波罗游记》,梁生智译,北京:中国文史出版社,2011年版,第197~198页。

　　②〔意〕马可·波罗著:《马可·波罗游记》,梁生智译,北京:中国文史出版社,2011年版,第207页。

果。"①

"离开福州城,向东南方前行五日,沿途人口稠密,并有许多市镇。""到第五日晚上,便到达宏伟美丽的刺桐城(今福建泉州)。"②刺桐是当时世界上最大的港口,马可如此描述这里:

> 沿海有一个港口,船舶往来如织,装载着各种商品,驶往蛮子省的各地出售。这里的胡椒出口量非常大,但其中运往亚历山大港以供应西方各地所需的数量却微乎其微,恐怕还不到百分之一。刺桐是世界最大的港口之一,大批商人云集于此,货物堆积如山,买卖的盛况令人难以想象。此处的每个商人必须付出自己投资总数的百分之十作为税款,所以大汗从这里获得了巨大的收入。此外商人们租船装货,对于精细货物必须付该货物总价的百分之三十作为运费,胡椒等需付百分之四十四,而檀香木、药材以及一般商品则需付百分之四十。据估算,他们的费用连同关税和运费在内,总共占到货物价值的一半以上,然而就是剩余的这一半中,他们也有很大的利润,所以他们往往运载更多的商品回来交易。③

详细记载了当时福建泉州港的进出口贸易盛况。

《马可·波罗游记》第一次较全面地向欧洲人介绍了发达的元初时期中国物质文明和精神文明,将地大物博、文教昌明的中国形象展示在世人面前。而如今,我们也可通过这位外国人的视角重新回到元朝,认识元朝初期中国都市的风貌与交通的状况。

大都衢道连千驿
马可·波罗游记中的元代交通

①〔意〕马可·波罗著:《马可·波罗游记》,梁生智译,北京:中国文史出版社,2011年版,第207~208页。

②〔意〕马可·波罗著:《马可·波罗游记》,梁生智译,北京:中国文史出版社,2011年版,第208页。

③〔意〕马可·波罗著:《马可·波罗游记》,梁生智译,北京:中国文史出版社,2011年版,第208~209页。

引车卖浆成一趣

集大成的明清都市与交通

一、北京城的交通

北京建城的历史可以上溯到西周分封时期的蓟城,第一次作为国家都城始于金国中都,而元大都的规划则奠定了明清北京城的轮廓与街道布局。

元朝定鼎中原后,元世祖忽必烈决定建设大城作为元都,于世祖至元四年(1264)下诏,在原金中都东北方向营建元大都(突厥语称为汗八里)。大都设计时参照《周礼·考工记》中"九经九轨""面朝后市""左祖右社"的记载建设,规模宏伟,规划严整,设施完善。

明洪武元年(1368)八月,明将徐达攻陷元大都,太祖改大都为"北平"。由于元顺帝不战而逃,元大都城未受炮火而完整保存。当时明军新胜而大都城大不利防守,徐达遂在北城墙南面五里处建起新城墙,放弃原北城墙土地;同时以砖包砌城墙,"以固其坚"。洪武四年(1371)后,元大都的北城墙被废弃,夯土外露,被称为"土城",原北城墙上的安贞门和健德门,以及东、西城墙上最北边的光熙门和肃清门也因此废弃。

洪武二年(1370),太祖朱元璋封四子朱棣为燕王,驻北平城。建文元年(1399),朱棣发动靖难之役,并于建文四年(1402)夺位。永乐四年(1406)朱棣改北平为北京,开始筹划迁都。

从永乐四年(1406)开始,明成祖朱棣实施了一系列扩建北京城的计划:当年,在原北平燕王府的基址上营建西内;永乐七年(1409)开始营建昌平天寿山长陵,示天子戍边以发民筑城;九年疏浚会通河,十三年凿清江浦,使运河连贯畅通,保证建设的物资与粮食供给;永乐十四年(1416)起,模仿南京皇宫营建北京宫殿。十八年(1420),建成紫禁城宫殿、太庙、太社稷(今中山公园）、万岁山（今景山）、太液池（今北海、中海）、十王府、皇太孙府、五府六部衙门和钟鼓楼，同时将城墙南段南移八百米，以修皇城墙。永乐十九年（1421），朱棣正式迁都北京。迁都后在南郊修建了天地坛（今天坛）和山川坛（今先农坛）两祭坛。

明英宗正统元年至十年（1436—1445），英宗朱祁镇对北京进行了第一次增筑，工程包括：将城墙全部用砖包砌；于九门上增建城楼，增筑瓮城、箭楼；城池四角增建角楼；各门内道立牌坊一座；护城河上木桥全部改砌为石桥，桥下加设水闸，河岸亦用砖石铺造驳岸；在京北设昌平城、拱极城（宛平城）二城，与北京城互为犄角；加设内长城等拱卫。整修后的京师内城墙周长四十五里。持续近十年的一系列增筑使北京城形成了坚固的城防体系。

明世宗嘉靖时期，世宗朱厚熜对北京进行了第二次增筑。明朝后期，正阳门外聚集的人口增多，嘉靖三十二年（1553）给事中朱伯辰上书陈说城外人口激增，应添修外城防护外族侵扰，时北京城郊尚遗有金、元故城"周可百二十公里"，"增卑补薄，培缺续断，可事半而功倍"。这与中国古代城市"内城外郭"的重城制相吻合，因此嘉靖帝下诏增筑。后财政拮据，著名权臣严嵩巡视后提出先筑南面城墙，待财力充裕再"因地计度，以成四面之制"，于是将北京城南已经筑起的一面城基，"东折转北，接城东南角；西折转北，接城西南角"，外城自嘉靖三十二年动工，当年十月完工，三面城墙全长二十八里，从而形成了北京城池"凸"字形的格局。

清代的北京城基本沿袭了明代北京的格局，对皇城内规制有所裁撤，将明代皇城内的大量内廷供奉机构改为民居，同时将内城大量的衙署、府第、仓库、草厂也改为民居。将内城划作满城，内城成为八旗专属居住区，令汉人统统迁往外城居住。清朝还在北京城内添建了大量黄教寺庙、王府，并在西郊修建三山五园等皇家园林。城池的设施、形制在清乾隆年间达到鼎盛。后清人再未对北京城池布局进行过改动，北京内外城"凸"字格局自明嘉靖后一直延续了近五百年，再没有变动。①

北京内、外城的街道格局，以通向各个城门的街道最宽，为全城的主干道，大都呈东西、南北向，斜街较少，但内、外城也有差别。外城先形成市区，后筑城墙，街巷密集，许多街道都不端直。通向各个城门的大街，也多以城门命名，如崇文门大街、长安大街、宣武门大街、西长安街、阜成门街、安定门大街、德胜门街等等。被各条大街分割的区域，又有许多街巷，根据《京师五城坊巷胡同集》的统计，北京内、外城及附近郊区，共有街巷1264条左右，其

引车卖浆成一趣

集大成的明清都市与交通

---

①参见闫有喜：《解读中国古都——北京城》，载《今日科苑》2009年10月。

中胡同457条左右。比较而言,以正阳门里,皇城两边的中城地区街巷最为密集,达三百余条。这是由于中城地理位置优越,处在全城的中部,又接近皇城和紫禁城,人口自然稠密。[①]

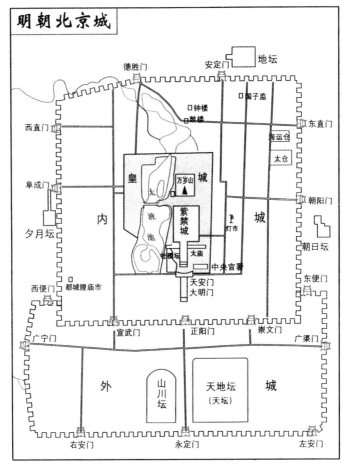

图99　明朝北京城

在道路交通方面,清代北京城的内城在各城门内形成笔直宽阔的大街,胡同多为东西方向排列,间或有南北向的小街贯穿数条胡同,形成纵横交义的道路网。外城的街道是在未筑城之前自然形成的,缺乏规划,以趋向正阳、崇文、宣武三门的斜街为主,虽然与内城相比较为零乱,但却反映出东西两个方向的进京主干道路。另外,清代着力于西郊的开发,并为此专门修建了两条道路。一条是出西直门向北经高梁桥至海淀的御道,顺着这条路可

---

①参见单峰:《行政中心外迁对城市空间结构影响研究——以合肥市为例》,载《清华大学硕士论文》2004年。

以直道圆明园,另一条是出阜成门向西,经八里庄、模式口通往西山的采煤区的道路,也叫石板路,这条路可以使西山的煤炭源源不断运抵京城,为整个城市提供燃料。

民国以前的北京城以土路为主,清康熙二年(1663),先后设置都理街道衙门御史、街道厅、五城司等机构掌道路沟渠,规定"凡石道、土道皆令平坦坚固,毋许堆积秽土。有洼下者,随时填筑。大街中间量培土埂,厚数寸,宽数尺。轻车从土埂上走,重车从两旁走"。并定时用水泼洒街道,以免起尘。①

从北京城向外,有国家官路向四方中心辐射,有"官马支路"联通各省内部州县之间,有"大路"联通各州县内各乡镇站铺,如此便以北京为中心构成明清时期的全国道路交通网络。整个国家的交通主干道路的情况,依陈鸿彝先生的《中华交通史话》述之如下:

1.官马北路系统

官马北路系统中首要的一条,是通往大东北的干线。从北京经通州区县、山海关到盛京奉天府(沈阳)的一段称奉天官路。从奉天向前延伸,经吉林、齐齐哈尔通往黑龙江城(瑷珲,今爱辉)的一段称龙江官路,龙江官路又延伸到雅克萨以远。从吉林城通向宁古塔、伯力以至庙屯(庙街,在黑龙江入海口处)的一段称作吉林官路。从奉天府南去,跨过鸭绿江通往朝鲜半岛,构成东北的一条国际通道。

属于官马北路系统的还有:从北京向北,出喜峰口或独石口通往内蒙古的多伦与呼伦(海拉尔区南),叫呼伦官路,从北京通往乌里雅苏台的库伦(乌兰巴托)及恰克图、科布多的恰克图官路。这是联结北京与蒙古国各部的主要干线,又是通往西伯利亚的国际通道。恰克图道与龙江官道、吉林官道一起,在开发清代北疆,捍卫北疆的斗争中发挥过重要战略作用。

同样属于官马北路系统的横向交通线,是塞上通道,从北京到宣化出张家口,东北联结多伦,西通大同、绥远以至于甘肃的凉州,接通由兰州而来的新疆官道。

2.官马西路系统

官马西路系统包括兰州官路与四川官路两大干线。从北京出发,过保定府、正定府去山西平定州与太原府,纵贯山西至蒲州,渡过黄河去西安、兰州。从兰州分道,一条支线去青海西宁、格尔木与玉树,通往西藏拉萨、日喀

① 参见袁行霈、严文明、张传玺、楼宇烈主编:《中华文明史》(第四卷),北京:北京大学出版社,2006年版,第380页。

则与阿里,连接着青藏各部。一条支线去凉州、肃州,在新疆境内有南北两道,北道通迪化(乌鲁木齐)与伊犁,出境西去,称新疆官路。南道经叶尔羌去葱岭以西。这两条道从来就是内地与中亚、西亚交往的重要通道。在清廷的经营下,新疆官路对于我国西部地区的政治统一起了重要的历史作用。

四川官路则是通往大西南的干线。它由西安通过东西古栈道越过秦岭去四川。在四川,成都是一个枢纽站,向东有官马支路联结三台、南充、达县、万县;向东南联结内江、重庆,并进至遵义、贵阳;向南方通往乐山、宜宾、叙永,并进至曲靖、昆明、大理。向西伸展到雅安、打箭炉(康定),是川康通道,此道也可通达拉萨。

官马西路系统覆盖面很宽,可以说将我国西部地区全包括在内了。在大清帝国创建和巩固的过程中,起过十分重要的作用。

3.官马南路系统

该系统包括云南官路、桂林官路、广东官路等三条干线。

云南官路与桂林官路,均从太原南下过黄河到洛阳,分道,云南官路与元明时代一致,直接南下襄阳、荆州、常德,西去沅州、贵阳,直通曲靖、昆明。桂林官路则由洛阳折东至开封,再南下信阳、武昌、长沙、桂林。云南官路到达昆明后,也分成若干支马路四处辐射:北去曲靖、毕节、叙永、泸州,与四川官路相连;东去兴义、百色和桂林,与桂林官路相接;东南经蒙自通越南,南方经普洱、思茅通老挝,西去大理、保山或腾越,出境去缅甸、孟加拉。

广东官路有两条可供选择的途径:一是桂林官路的延伸,从桂林沿桂江、西江东下,经梧州、肇庆抵广州,这是中原王朝通岭南的传统大道。作为它的辅助线,从湖南衡州直下韶关通广州,此线虽在汉武帝平岭南后已经开辟,但一直未见重用。广东官路的主干道,则是指:从北京出发,经涿州、雄县、河间、德州到山东济南府,过江苏徐州、安徽合肥,进入江西南昌,沿赣江去赣州,越大庾岭至韶关通广州,这是元明以来由北京至广州的主要官道,历来称作"使节路",清政府对它也特别重视。元、明、清三代,纵贯中国南北的大道,无过于此。

在广东官路上,南昌是一个重要枢纽,从这里出发,也有许多支马路通往四方:取道饶州向东北去杭州或徽州,取道临川向东南去福州与泉州,取道庐陵(吉安)南去虔州与潮汕,取道袁州西去长沙,取道岳州西北去武昌,取道九江西上武昌荆州、东下芜湖与南京。这些路线,多为水陆兼通,十分方便。至于广东官路之终点站广州,历来是中西海上交往的主要港口,其交通之发达自不待言。

4.官马东路系统

官马东路系统的唯一干线是福建官路,它穿越今天津、河北、山东、江苏、上海、浙江、福建,沿途通达天津、德州、济南、徐州、扬州、南京、镇江、苏州、上海、杭州、衢州、福州等重要城市,杭州以北,与大运河平行,杭州以南,经富阳、睦州到衢州,这一段与钱塘江相并行,然后下建安经南平到福州,这是南宋以来的闽浙大道。

桂林官路、广东官路与福建官路一起,纵贯内地各行省,联通海河、黄河、淮河、长江、珠江各大水系,比起北路系统、西路系统来,它们布网密,水陆通行率高……

5.长江官路系统及其他

前述云南官路、桂林官路、广东官路与福建宫路,都是纵贯形的,东西横通形的官马路,最突出、最主要的就是长江官路。

长江官路四川段,从成都经泸州、重庆南,到达万县、夔州;湖北段经宜昌、江陵到汉阳、黄州;下江段经过九江、芜湖、南京、苏州、松江到上海,把四川官路、云南官路、桂林官路、广东官路与福建官路联通起来了。另外,在江汉、江淮之间,还有几条很重要的支马路,如与汉水并行的联通汉中与湖北的通道,与丹水并行的联通关中与豫西的通道,以及联通开封、合肥、南京的通道,联通衡水、沧州、济南、青岛的通道等,在组成内地水陆交通网方面,都起着勾连串接的作用,使江汉、江淮、黄淮地区声息相通,兴衰与共。

清代设有里甲马,负责邮驿通信。里甲马所行路线,就是省城之间、省内州县之间的支马路,以及码头、站铺、集镇之间的大路。

清代交通线路分布比前代合理,依人口密度讲,配置匀称,管理上不似过去的粗放,更注意修筑保养。①

二、七下西洋

郑和(1371—1433)原姓马,名和,小名三保,出生在云南省昆阳州。元朝初年,郑和的祖先移居云南,是元朝云南王麾下的贵族,时称"色目人",世代信奉伊斯兰教。

1381年朱元璋为了消灭盘踞云南的元朝残余势力,派手下大将傅友德、蓝玉等率30万大军,发起统一云南的战争。在战乱中,年仅10岁的马和被明军俘虏,并接受了宫刑,在军中做秀童。后来,进入南京宫中,在14岁那年来到北平的燕王府。燕王朱棣见马和聪明、伶俐,便把马和留在身边,成为燕王

①参见陈鸿彝:《中华交通史话》,北京:中华书局,2013年版,第429～434页。

引车卖浆成一趣

集大成的明清都市与交通

的亲信,为了提高身边服务亲随的文化水平,朱棣不仅挑选学识丰富的官员到府中授课,而且还让他们随意阅读府中的大量藏书。天资聪颖、勤奋好学的马和很快便成了学识渊博的人。由于马和身材魁梧、知识丰富、思维敏捷,出色地完成了燕王委派他的使命,得到朱棣的器重,"内侍中无出其右"。在永乐二年(1404)正月初一,朱棣以赐姓授职的方式表达他对有功之臣的封赏与恩宠时,马和被赐姓"郑",从此便改称为"郑和"。同时,升迁为"内官监太监",相当于正四品官员。史称"三保太监"。永乐二年正月

图100 郑和像

二十一日,朱棣萌生"遣使西洋诸国"的想法,下令"命福建造海船五艘",郑和受命,开始了伟大的旅程。

《明史》卷三百四对郑和第一次下西洋有明确记载:

> 永乐三年六月命和及其侪王景弘等通使西洋。将士卒二万七千八百余人,多赍金币。造大舶,修四十四丈、广十八丈者六十二。自苏州刘家河泛海至福建,复自福建五虎门扬帆,首达占城,以次遍历诸番国,宣天子诏,因给赐其君长,不服则以武慑之。五年九月,和等还,诸国使者随和朝见。[①]

永乐三年(1405),明成祖命郑和率领大型舰船六十二艘、两万七千八百名船员组成的船队远航,自苏州刘家河(江苏太仓)出海至福建,再自福建五虎口(闽江口)启程,到达占城(今越南广治省广治市),此后访问了多个在西太平洋和印度洋的国家和地区,这就是郑和第一次下西洋。

同样据《明史》卷三百四记载:

> 和等还,诸国使者随和朝见。和献所俘旧港酋长。帝大悦,爵赏有差。旧港者,故三佛齐国也,其酋陈祖义,剽掠商旅。和使使招谕,祖义诈降,而潜谋邀劫。和大败其众,擒祖义,献俘,戮于都市。[②]

---

① 〔清〕张廷玉等撰:《明史》,北京:中华书局,1974年版,第7766页。
② 〔清〕张廷玉等撰:《明史》,北京:中华书局,1974年版,第7767页。

郑和第一次下西洋除了与诸国建立友好外交关系外，也有对西洋诸国以武力威慑的目的：对一些海盗予以了打击，如俘获了海盗陈祖义，同时又带回了大批的安南战俘，平定了安南的战乱。

然而，安南的战乱平叛并不顺利，处于同样的目的，郑和开始第二次下西洋：

> 六年九月再往锡兰山。国王亚烈苦奈儿诱和至国中，索金币，发兵劫和舟。和觇贼大众既出，国内虚，率所统二千余人，出不意攻破其城，生擒亚烈苦奈儿及其妻子官属。劫和舟者闻之，还自救，官军复大破之。九年六月献俘于朝。帝赦不诛，释归国。是时，交址已破灭，郡县其地，诸邦益震詟，来者日多。①

永乐六年（1407年）九月，郑和率两万七千人前往锡兰山（斯里兰卡），国王亚烈苦奈儿诱使郑和至都城中，向郑和索要金币，并且发兵劫持郑和的舟船。郑和趁众人出城劫船，都城空虚之际，率领部下二千余人，出其不意攻破其都城，生擒国王亚烈苦奈儿及其妻子官属。出城劫郑和船的人闻讯赶来，也被郑和军队降服。永乐九年（1409年）六月，郑和回到中国，献所俘虏人员于朝廷。皇帝特赦免死，并且释放所俘之人回国。这样，交址叛乱已被平叛，整个安南诸王皆来朝拜。

郑和第二次下西洋主要访问了占城（今越南广治省广治市）、爪哇（今印度尼西亚爪哇岛泗水市）、暹罗（今泰国）、满剌加（今马来西亚马六甲港）、加异勒（今印度南端）、锡兰（今斯里兰卡）、柯枝（今印度喀拉拉邦柯钦港）、古里（印度喀拉拉邦科泽科德市）等国。在到达锡兰时，郑和慷慨地向当地的佛寺进行布施，主要施有金、银、丝绢、香油等物，并立“布施锡兰山佛寺碑”，以垂永久。用汉文、泰米尔文及波斯文所刻，今汉文尚存，现保存于斯里兰卡国家博物馆中，是斯里兰卡的国宝。

郑和第三次下西洋：

> 十年十一月，复命和等往使，至苏门答剌。其前伪王子苏干剌者，方谋弑主自立，怒和赐不及己，率兵邀击官军。和力战，追擒之喃渤利，并俘其妻子，以十三年七月还朝。帝大喜，赉诸将士有差。②

永乐十年（1412）十一月，郑和第三次下西洋，行至苏门答腊（今印度尼西亚苏门答腊岛八昔河口）时，恰巧遇到该国前王子苏干剌，杀掉国王而自

① ［清］张廷玉等撰：《明史》，北京：中华书局，1974年版，第7767页。

② 同上。

立,其以郑和不曾赏赐自己为由出兵攻打郑和。郑和与之力战,追击到喃渤利(今印度尼西亚苏门答腊岛班达亚齐市)将其俘获,并将他的妻子和孩子也俘获了,在永乐十三年(1415)七月回到中国面见皇帝,皇帝大喜,对郑和一行人马予以嘉奖。

郑和第三次下西洋远达占城(今越南广治省广治市)、爪哇(今印度尼西亚爪哇岛泗水市)、柯枝(今印度喀拉拉邦柯钦港)、古里(印度喀拉拉邦科泽科德市)、喃渤利(今印度尼西亚苏门答腊岛班达亚齐市)、彭亨(今马来西亚彭亨州关丹市)、急兰丹(今马来西亚吉兰丹州哥打鲁巴市)、忽鲁谟斯(今伊朗格什姆岛)、比剌(今莫桑比克楠普拉省莫桑比克岛)、溜山(今马尔代夫)等国并赐予钱物,可见郑和第三次下西洋已使明朝外交范围远达非洲南部。

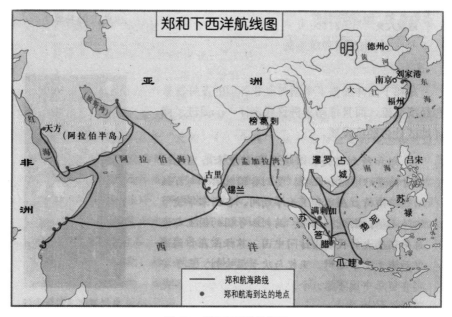

图101　郑和下西洋航线图

郑和第四次下西洋始于永乐十四年(1416)冬,终于永乐十七年(1419)七月:"十四年冬,满刺加、古里等十九国咸遣使朝贡,辞还。复命和等偕往,赐其君长。十七年七月还。"(《明史》卷三百八)郑和远航至爪哇(今印度尼西亚爪哇岛泗水市)、柯枝(今印度喀拉拉邦柯钦港)、古里(今印度喀拉拉邦科泽科德市)、喃渤利(今印度尼西亚苏门答腊岛班达亚齐市)、彭亨(今马来西亚彭亨州关丹市)、急兰丹(今马来西亚吉兰丹州哥打鲁巴市)、忽鲁谟斯(今伊朗格什姆岛)、比剌(今莫桑比克楠普拉省莫桑比克岛)、溜山(今马尔代夫)、不剌哇(今索马里下谢贝利州巴拉韦港)、阿丹(今也门亚丁港)等十九国。

永乐十九年(1421)正月初一日,朱棣正式迁都北京,正月二十五日,郑和此前出访的国家派使节前来朝贺,诸如爪哇、柯枝、古里、喃渤利、忽鲁谟斯、溜山、不剌哇、阿丹等国均遣使而来。此后,忽鲁谟斯等十六国使臣回国,朱棣赐钱币、丝绢等物,并派郑和送十六国使臣回国,这就是郑和第五次下西洋。永乐八年(1422)八月,郑和回国。

郑和第六次下西洋始于永乐二十二年(1424)正月二十七日,《明实录》卷二六七:"旧港故宣慰使施进卿之子济孙,遣使丘彦成请袭父职,并言旧印为火所毁。上命济孙袭宣慰使,赐纱帽及花金带、金织、文绮、袭衣、印银,令中官郑和赍往给之。"缘由是施济孙请求继承父亲海外宣慰使的职位,朱棣命郑和携纱帽及花金带、金织、文绮、袭衣、印银等所赐之物出海赠予。然而,同年七月十八日(1424年8月12日),明成祖朱棣病逝于北伐途中,明仁宗即位,当天即颁布命令,宣布停止下西洋等活动,并要求已出发的船队返航,停止造船,郑和亦返航。

宣德五年(1430)六月,皇帝"遣太监郑和等赍诏往谕诸番国",郑和开始了第七次也是最后一次下西洋,郑和率队从龙江关(南京下关)起航,历柯枝、古里、喃渤利、忽鲁谟斯、比剌(今莫桑比克楠普拉省莫桑比克岛)、溜山、不剌哇、阿丹等二十国后返航,宣德八年(1433),郑和因劳累过度在印度西海岸古里去世,船队由郑和的副手王景弘率领返航,同年回到南京。

郑和去世后,明朝离开远洋,开始奉行闭关锁国的政策,东西之间的海上交通被迫中断。

三、八抬大轿与太平车

宋代,始有"轿子"一词,作为这类交通工具的总称或俗名,"轿子"一词一直沿用至今。

图102　轿子

从先秦到两晋时期,车是皇室贵族的主要交通工具,但是在皇室贵族的一小部分人中,轿子有越来越流行的趋势。无轮的辇,靠人力扛抬,即步辇。靠肩扛的步辇即肩辇,靠手提抬的步辇称腰舆。唐朝著名画家阎立本有一幅《步辇图》,画的就是唐太宗乘轿的情形。图中的唐太宗端坐在一乘"步辇"上。由两个宫女扛抬,四角还有宫女扶持。《旧唐书·玄宗纪》载:唐玄宗一次欢宴百官于上阳东州,醉者赐以床褥,"肩舆而归,相属于路"。一时乘肩舆者很多,然而乘轿毕竟是皇上的恩赐,轿子还不是社会通用的交通工具。

图103　唐代阎立本《步辇图》

轿子作为一种交通工具,得到较大普及的是在宋朝。其大致有两种形制,一种是不上帷子的凉轿,也叫亮轿或显轿,一种是上帷子的暖轿,又叫暗轿。不同的官品,在轿子的形制类型、帷子的用料颜色等方面都有严格的区分。如明清时期的一般官吏,得用蓝呢或绿呢做轿帷,所以有"蓝呢官轿""绿呢官轿"之称。另外,轿子按其用途不同,也有种种的名字:皇室王公所用的,称为舆轿;达官贵人所乘的,叫作官轿;人们娶亲时用的装饰华丽的轿子,称为花轿。抬轿子的人有多有少,一般二至八人,民间多为二人便轿,官员所乘轿子,有四人抬和八人抬之分。如清朝规定,凡是三品以上的京官,

图104　慈禧太后乘坐的辇轿

在京城乘"四人抬",出京城乘"八人抬";外省督抚乘"八人抬",督抚部属乘"四人抬"等等。至于皇帝贵戚所乘的轿子,则有多到几十人抬的。

宋人或骑马或乘轿,极少乘车,因此宋代的制车业便主要以制造载货的运输车为主。这种载货的车当时称"太平车"。这种"太平车"的形象人们从宋代的一些以车、船为题材的画中可窥见一斑。

图 105　太平车

北宋张择端在《清明上河图》中描绘了十余辆不同式样的车,其中几辆用四匹或两匹健骡拉的大车即是太平车,其形制和文献所记载的完全相符。不同之处是拉车的牲畜没有二十余头,且车后也无系随的驴、骡。从图中可以看出,太平车的行走方式与以前的车不同,即由人驾辕,牲畜拉车,缰绳一端缚绑在骡颈的轭套上,另一端缚扎在车轴上。显然采用这种人驾辕、骡拉车的系驾方法,车速是很慢的,正适于但求负载多,不求行车快的要求。太平车是作为短程运输之用的车,在当时还有一种用于长途运输的载货车,叫平头车。平头车"亦如太平车而小,两轮前出长木作辕,木梢横一木,以独牛在辕内项负横木,人在一边,以手牵牛鼻绳驾之"①。它们都是一牛驾辕,辕牛前有拖曳的三牛或四牛。车身高大,轮与车厢齐平,车厢上加拱形卷篷,在长途跋涉时以防货物遭雨淋和日晒。卷篷和车厢之间有一隔板,似为堆放车夫的行李物品处。车夫在一旁行走,用手牵牛鼻绳。在这几幅画中,这种平头牛车均是几辆车结队而行,想必是一支支有组织的长途运输队。这种牛车运输队在宋代极为普遍,每年全国各地向东京"纳粟秆草,牛车阗塞道路,车尾相衔,数千万辆不绝"②。

明清时的车多用一或二骡挽行,因此统称"骡车"。但为区别乘人的车

集大成的明清都市与交通

---

① 〔宋〕孟元老撰,邓之诚注:《东京梦华录注》,北京:中华书局,1982年版,第114页。

② 〔宋〕孟元老撰,邓之诚注:《东京梦华录注》,北京:中华书局,1982年版,第47页。

与载物的车，又有"大、小"之分。乘人的车为小车，因其有棚子、围子，形如轿子，因此习惯上又称之为"轿车"。这是马车与轿子结合的产物。

图106 明清时期的"骡车"

轿车都是木制的，普通百姓坐的用柳木、榆木、槐木、桦木等制作，皇室和贵族坐的则用楠木、紫檀、花梨等上好木料制作。车成型后，再糅以油漆，一般是栗壳色、黑色。好木料用本色油漆，谓之"清油车"。一辆轿车由辕、身、梢、篷、轴、轮几大部件组成。车辕为两根圆头方身的长木，后连车身、车梢，构成整个车的"龙骨"。车厢坐人处一般用木板铺垫，讲究点的，木板中心用极密的细藤绷扎，类似现在的棕绷床，其上置车垫子。在车辕前架有一短脚长凳，名"车蹬子"，平时架在辕前，乘者上下车时，便取下做垫脚用。另外车辕前还横置一根方形木棍，停车时，用以支撑车辕，以便减轻牲畜所负的重量。当乘轿车之风兴起后，各种名称的轿车也就随之产生了。①

当然，随着车的主要动力的改变，蒸汽机取代了牛、马等牲畜为车提供了更强劲的动力，和车更紧密的结合，发展为更新一代的交通工具，然而人们对他们的称呼还是延续了下来，仍然称其为"轿车"。

四、"巍如山岳"之"神舟"

由于海外贸易的推动和航海技术的进步，进入宋代后，我国的造船业又进入了一个高峰阶段。有了新的发展。宋代很多地方设立了造船场、造船坊，仅官方的造船厂就有明州（浙江宁波）、秀州（浙江嘉兴）、越州（浙江绍兴）、台州（浙江临海）、温州（浙江温州）、杭州（浙江杭州）、婺州（浙江金华）、楚州（江苏淮安）、平江府（江苏苏州）、润州（江苏镇江）、建康（江苏南京）、扬州（江苏扬州）、江州（江西九江）、洪州（江西南昌）、潭州（湖南长沙）、衡州

 ①参见李健儿：《中国古车文化之旅（二）》，载《安全与健康》2012年12月。

交通变迁与城市发展·交通

（湖南衡阳）、岳州（湖南岳阳）、鄂州（湖北武昌）、江陵（湖北江陵）、襄阳（湖北襄樊）、广州（广东广州）、惠州（广东惠州）、泉州（福建泉州）、福州（福建福州）、漳州（福建漳州）、眉州（四川眉县）、泸州（四川泸州）、嘉州（四川乐山）、夔州（四川奉节）、金州（陕西安康）、兴元（陕西汉中）等地。特别是东南沿海的广州、泉州、明州、温州以及杭州等都形成了制造海船的重要基地，除此之外，宋代不但有官方的造船场，也有很多民间的造船场。

北宋的内河船可在北宋《清明上河图》中看到，图画中以写实的手法描绘了汴河中行驶的二十余只客船、货船、漕船和渡船。

图107　汴河上的货船（一）

图108　汴河上的货船（二）

宋的造船业比以前更具有特色：船体更巍峨高大，结构更坚固合理，行船工具更趋完善，装修更为华美。宋船头小，尖底呈"V"字形，便于破浪前进。身扁宽、体高大、吃水深，受到横向狂风袭击仍很稳定，同时，结构坚固，

149

船体有密封隔舱,加强了安全性。底板和舷侧板分别采用两重或三重大板结构,船上多樯多帆,便于使用多面风。大船上又都设有小船,遇到紧急情况可以救生、抢险。每只船上都有大小两个锚。行船中也有探水设备。这些极适合于远洋航行。

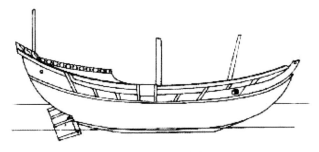

图109 南宋尖底海船复原图

宋代所造一般的海舶叫"客舟","长十余丈,深三丈,阔二丈五尺,可载二千斛粟","每舟篙师水手可六十人"。内部有独特的水密舱构造。客舟分三个舱:前一舱底作为炉灶与安放水柜之用。中舱分为四室。后舱高一丈余,四壁有窗户。"上施栏楯,采绘华焕而用帷幕增饰,使者官属各以阶序分居之。上有竹篷,平日积叠,遇雨则铺盖周密。"(《宣和奉使高丽图经》)

相比"客舟","神舟"大得更多,它是宋代所建大海船,"巍如山岳,浮动波上,锦帆鹢首,屈服蛟螭"。"神舟"曾到达高丽,高丽人民"倾城耸观""欢呼嘉叹"。"神舟"之大者可达五千料(一料等于一石)、五六百人的运载量,中等二千料至一千料,也可载二三百人。正由于中国海船运载量大,稳定性强,安全可靠,航速也很快,所以阿拉伯人、波斯人等都愿乘坐中国大海舶。①

元的统一促进了海上交通的发展,为了海上军事活动和大规模的海运漕粮,元代建造了大量船只,其数量、质量远远超过前代。元时,阿拉伯人的远洋航行逐渐衰落,在印度洋上航行的几乎都是中国的四桅远洋海船。

元朝统治时期,意大利大旅行家马可·波罗,在其游记《马可·波罗游记》中记述了他所看到的中外海船情况:

> 应知其船舶用枞木(Sapin)制造,仅具一甲板。各有船房五六十所,商人皆处其中,颇宽适。船各有一舵,而具四桅,偶亦别具二桅,可以竖倒随意。船用好铁钉结合,有两厚板叠加于上,不用松香,盖不知其物也,然用麻及树油掺合涂壁,使之决不透水。

①参见桑希臣:《海上贸易——宋朝的经济支柱》,载《科学大观园》,2010年1月。

每船舶上,至少应有水手二百人,盖船甚广大,足载胡椒五六千担。无风之时,行船用橹,橹甚大,每具须用橹手四人操之。每大舶各曳二小船于后,每小船各有船夫四五十人,操棹而行,以助大舶。别有小船十数助理大舶事务,若抛锚,捕鱼,等事而已。大舶张帆之时,诸小船相连,系于大舟之后而行。然具帆之二小舟,单行自动与大舶同。[1]

在马可·波罗的眼中,中国的航船用枞木制造,有一甲板。有房间五六十所,为客商所住,非常宽敞。船上竖起四个桅杆,张四张帆,偶尔也有两个桅杆的,可以随意竖起或放下。船用上好的铁钉联结,有木板放在铁钉之上,不用松香,但使用麻和树油混合涂抹,防止漏水。

每艘船上最少有水手两百人,载有胡椒五六千石。无风时,行船用橹,橹很大,每具橹须要用四人操作。每只大船后拖拽两只小船,每只小船有船夫四五十人,操棹而行,以助大船。另有小船十余只在大船抛锚或者捕鱼等事情上来协助大船。元代中国的四桅远洋海船在南洋、印度洋一带居于航海船舶的首位,在继承宋代造船技术基础上又有所进步。

五、郑和宝船

明清时期最值一提的船舶就是郑和七下西洋时的宝船了。明代造船工厂遍布于全国,以江苏、福建、湖广、浙江等地最发达。宝船主要在江苏太仓和南京两地建造,福州也建了一部分。南京龙江是明太祖洪武年间首先发展起来的造船工业基地。

据《明史·郑和传》记载,郑和航海宝船共六十二艘,最大的长一百四十八米,宽六十米,是当时世界上最大的木帆船。船有四层,船上九桅可挂十二张帆,锚重有几千斤,要动用二三百人才能起航。

郑和宝船是一种大型海船,尺度大。有关郑和宝船的尺度,在《明史·郑和传》中记载得很明白:"造大舶,修四十四者六十二。"在明代人编写的《国榷》中称"宝船六十二艘,大者长四十四丈,阔一十八丈"。在明末罗懋登所著《三宝太监西洋记》中详细地记载了郑和船队中各种船型的尺度,其中,宝船"长四十四丈,阔一十八丈"。有九桅十二帆,比一般船只大几倍,造价之高"须支动天下一十三省的钱粮来,方才够用",宝船的建筑气魄宏伟,其上建有"头门、仪门、丹墀、滴水、官厅、穿堂、后堂、库司、侧屋,另有书房,公廨之类,都是雕梁画栋,象鼻挑檐",宝船"体势巍然,巨无与敌。篷、帆、锚、舵,非二三百人莫能举动。趋事人众,纷匝往来,岂暇停憩?"(巩珍《西洋番国志》)

① [法]沙海昂注:《马可波罗行纪》,冯承君译,北京:中华书局,2004年版,第619页。

每次出洋除宝船外还有船舰二百余艘或数百艘不等。如马船(是中型宝船,携带马匹、物品)、战座船(坐船,是大型战舰)、粮船(运粮及后勤物品)、战船(护航舰)等主体船舶。船队中还有辅助船如水船(汲淡水)、捕鱼船等。马船八桅,粮船七桅,战座船六桅,战船有五桅。(罗懋登《三宝太监西洋记》)

图110 郑和宝船复原模型

郑和去世后的明清王朝离开远洋,开始奉行闭关锁国的政策,不断实施海禁。明嘉靖朝由于倭寇的侵扰,实行海禁,正常航海贸易断绝,至隆庆、万历时放松。清顺治十二年(1655年)海禁,至康熙四十二年(1703年)放松。康熙五十六年(1717年)到雍正五年(1727年)再次海禁。

然而,在如此频繁的海禁之中,清代海船仍然有可圈可点之处。其中要数为出使琉球而造的"封舟"了。康熙五十八年,徐葆光奉使琉球进行册封。为了这次出使,自浙江宁波民间商船中选取了两只大海船作为"封舟"。徐葆光所撰《中山传信录》记载了"封舟"的详细情况:

一号船,使臣共居之;二号船,载兵役。一号船,前后四舱。每舱上下三层:下一层,填压载巨石、安顿什物。中一层,使臣居之;两旁名曰"麻力",截为两层,左右八间,以居从役。舱口梯,两折始下。舱中宽六尺许,可横一床。高八九尺,上穴舱面为天窗井,方三尺许,以通明。雨即掩之,昼黑如夜。舱面空其右以行,船左边置炉灶数具。板阁跨舷外一二尺许,前后圈篷;作小屋一二所,日番居以避舱中暑热。水舱水柜,设人主之;置签给水,人日一瓯。船尾虚梢为将台,立旗纛;设藤牌、弓箭、兵役、吹手居其上。将台下为神堂,供天妃、诸水神。下为柁楼,楼前小舱布针盘,伙长、柁工及接封使臣主针者居之。船两旁大小炮门十二,分列左右;军器称是。席篷、布篷九道;舱面横大木三道,设轴转缭以上下之。船户以下共二十二人,各有专掌。其中最趫捷者名鸦班,正、副二人;登樯瞭望,上下如飞。兵丁皆习行船事,每船百人为之佐;

一号船千总督之,二号船守备督之。①

一号船为使臣所用,二号船为兵役所用。一号船分为前后四舱。每舱上下三层:最下一层用巨石填压、安放货物。中层由使臣居住,两边叫"麻力",截为两层,左右八间为随从、仆役居住。舱口有梯子,两转折下底舱。舱中宽六尺多,可横放一张床。舱高约八九尺,舱顶开天窗,约三尺见方,以便取光。下雨时可以关闭,关闭后仓内昏黑如夜。舱面右侧为通道,左侧边置炉灶。在舷外一二尺的地方用板隔开,形成一二个小屋子,以便天热时居住,可以避免中暑。船上的水箱有专人主管,定额分配,每天每人一小瓦盆。船尾是将台,上立旗帜,设有藤牌、弓箭等武器,兵役、吹手在此设岗。将台下为神堂,供奉天神、各路水神。下面是舵楼,舵楼前小舱放置针盘,伙长、舵工及接封使臣负责针盘的人住在此处。船两旁有大小炮十二门,分列左右。有船帆九道,舱面设三道横木,设有转轴可以使之升降。船上人员各司其职,其中动作最迅捷的人是"鸦班",设正、副两人,负责登上帆樯瞭望,上下如飞。如此宏大巨制,可为清朝时期海船的代表了。

图111　封舟

①〔清〕徐光葆:《中山传信录》(卷一),载《四库全书存目丛书·史部》,济南:齐鲁书社,书影本,1997年。

火轮铁翼再开创

近代交通工具与交通思想的革新

一、自行车、汽车、火车：变革的交通工具

清朝后期,中国仍是一个独立自主的封建制国家,但却妄自尊大、故步自封,相比世界其他国家,尤其是欧洲列强,经济、技术已经逐渐落后。当时中国生产的大量手工业品,如丝绸、瓷器、茶叶在欧洲很畅销,甚至对西方人的生活方式都产生了巨大影响,因而西方列强为了转变贸易逆差,打开中国市场动用了毒品。由于林则徐虎门销烟,英国借机侵略中国,1842年,强迫清政府签订中英《南京条约》,中国被迫开始进入了"近代"。

西方列强打开中国国门后,进入中国内地,也带来了西方的近代交通工具,从而影响了中国近代都市的交通方式。

1.自行车

世界上第一辆自行车出现在法国,它没有中轴和脚蹬,骑车人和行走一样,借助脚蹬地的反作用力,使车轮向前滚动。结构虽然原始,但传入中国后仍产生巨大影响,1868年11月24日的《上海新报》是现今能见到的记载中国自行车的最早的史料:

> 兹见上海地方有自行车几辆,乃一人坐于车上,一轮在前,一轮在后,人用两脚尖点地,引轮而走。又一种,人如踏动天平,亦系前后轮,转动如飞,人可省力走路。不独一人见之,想见者多矣。询之外国人,据云,外国地方马路平坦之极,有一人乘此车与马赛之,经六点钟时候,行一百三十五里之遥,车迟到半点钟功夫。因有逆风,所以后到,若非逆风,力过于马也。又闻外国水陆军营新报云,现在兵丁欲与官兵商

量,皆作此车以代行路之力而养其兵之锐,且免被俘行囊器械之劳,到战场,车弃一旁,兵又养息之力,易于前进,诚良法也。即中国行长路,客商尽可购而用之,无不便当矣。

此则报道真实地记载了当时上海市出现自行车的情况,以当时的中国人视角观之,对"自行车"这一舶来新物确实有新奇的感受。并且首先将这一新工具和传统工具马匹进行速度比较:经过六个小时的比赛,共行程一百三十五里,自行车比马匹迟到半个小时时间,而原因是自行车遭遇逆风,若非逆风,则速度与马匹不相上下,可见这一新式交通工具的速度。

此后,自行车经过不断改良,三十年后,1898年4月1日的《申报》以《脚踏车将来必盛行说》为题做了头版社论:

> 若夫不劳膏秣,不损赀财而又能捷若风霆卷舒甚便者,则惟西人所行之脚踏车。查脚踏车之制,不知起自何时,近数年来,沪上寓居西人多喜习此。每日黄浦滩一带,此往彼来如梭织,得心应手,驰骤自如。然此旨苟非练习纯熟,则乘坐未稳倾跌随之。西人之所以能从心不踰者,亦系自幼相习,非一朝一夕之故也。顾或者曰:西人于游戏之事,每有深意寓乎其间。今脚踏车不过借以娱畅心神,□观耳目,地若平坦,或可任意游行,倘至高下不平之处,未免既有阻碍,亦何必专心习此。而脚踏车之来,且日盛一日哉,则谨应之曰,是盖未知,脚踏车为用之广也。

这篇社论赞美西洋的脚踏车(自行车)迅速便捷。在上海的西方人多喜欢骑自行车,每天在黄浦滩一带,有很多人骑,穿梭如织,并且预言脚踏车此后会有大用处。今天,中国已成为"自行车王国",确见《申报》预言准确。

自行车的影响不仅在大城市上海,甚至在北京的皇宫中都可见其身影,且意味深长。在电影《末代皇帝》(The Last Emperor)中就有艺术呈现。《末代皇帝》是意大利著名导演贝托鲁奇(Bernardo Bertolucci)执导的一部传记电影,讲述了中国的末代皇帝溥仪的故事,让我们看到即使作为"天子",身处社会变革的洪流之中,也无法置身事外,只能与之浮沉。皇帝——作为中国古代社会的最高统治者——可以看成是代表中国古代的正统和传统,由溥仪的老师庄士敦所带来的自行车,可以看成是西方近代文明的象征,二者在紫禁城中碰面了,由庄士敦教溥仪学习骑自行车,也代表着西方文明的东渐。

交通变迁与城市发展·交通

图112 电影《末代皇帝》剧照

　　然而，电影毕竟是经过了艺术的加工，在历史上，并非是庄士敦送给了溥仪自行车，而是另有其人。但不论怎样，自行车给了溥仪童年的快乐。在溥仪的回忆录《我的前半生》中记载，溥仪竟"为了骑自行车方便，我们祖先在几百年间没有感到不方便的宫门门槛，叫人统统锯掉"。可见这位中国的皇帝对自行车的喜爱。

　　2.汽车

　　问世于1886年的汽车于1901年悄然进入上海，当时匈牙利人李恩时(Leinz)携入两辆形似马车的小汽车。根据《中国汽车工业史(1901—1990)》记载：

图113 奥兹莫比尔牌汽车(一)

　　　　　　　　　　图114 奥兹莫比尔牌汽车(二)

这两辆汽车都是美国福特公司所产的奥兹莫比尔牌汽车,车身外形类似当时的敞篷马车。一辆为凉篷式车顶,另一辆装有折叠式软篷,前排为单人驾驶,后排为双人座席,车前无挡风玻璃,车轮为木制轮辐,外装实心橡胶轮胎,没有电照号和信号装置。已采用转向盘、转向节和转向梯形结构,装有煤油风灯和手揿喇叭。[1]

当时李恩时将车开到大街上时,引起很大的轰动,汽车发动起来,跑得很快,在路人眼中就像飞一样。

此后,陆续有西方国家的领事、租界官员、外商豪富、西医等人,从欧美运入汽车自用。至1907年底,公共租界汽车发照数增至111辆。其时,全国除上海外,较早拥有汽车的北京、汉口、青岛等城市,仅有汽车数辆。至1913年,上海年汽车进口数已突破100辆,公共租界和法租界的汽车保有量增至500辆左右。外侨中的上层人士普遍以汽车取代传统的私人马车,有些中国的地方军政显要、商界名流开始使用轿车。北京的清廷官员和汉口的洋行买办也来沪购车。至1917年,上海外商汽车洋行增至8家,年进口汽车365辆。公共租界和法租界的汽车保有量增至1300辆,其中私人轿车985辆,华人拥有轿车者尚属少数。1908—1917年,国内又有天津、大连、南通等10多个城市开始拥有汽车。[2]

除了私人使用以外,汽车也开始出现在公共领域。1911年,美国平治门洋行和美汽车公司,率先在上海增设汽车出租部,投入一批5座、7座的轿车,配以华籍司机,供人租乘。租界当局在外滩等地划定停车处供出租汽车停放候客。至1913年,公共租界已有4家外商汽车洋行设立出租部,共有出租汽车43辆。[3]

图115　行驶在上海大名路上的有轨电车

1908年3月5日,上海英租界英商电车通车营业,同年5月6日法租界法商电车公司有轨电车投入运行。1913年3月11日由中国人经营的华商电车

①参见马建华:《汽车与近代中国社会》,载《华中师范大学硕士论文》2002年。
②参见朱佑模:《近代上海汽车的兴起和发展》,载《上海地方志》1996年第2期。
③同上。

火轮铁翼再开创

近代交通工具与交通思想的革新

公司第一条电车线正式通车营业。1913年上海人口超过50万，英、法租界和华界拥有有轨电车105辆，运行线路遍及租界、城市近郊。

1914年11月15日，由英商电车公司开办的上海第一条无轨电车线路正式通车。这条无轨电车线路南起郑家木桥(今福建中路延安东路)全程仅两站。1912至1917年，上海市区基本形成较完整的电车线路网。1927年末，上海共有有轨电车、无轨电车线路24条。其中英商电车公司10条，华商电车公司3条，英、法商联运线7条，法、华商联

图116　行驶在上海外滩的有轨电车

运线1条，拥有有轨和无轨电车413辆(其中挂车122辆)。日均运送达48.6万人次，为上海市100万居民的乘车提供方便。1922年8月13日华商公利汽车公司开辟上海第一条由静安寺始发经白利南路(今长宁路)至兆丰公园(今中山公园)之间的公共汽车线路。[1]公共领域的汽车，有轨、无轨电车可以说为近代上海的发展做出了巨大的贡献。

图117　上海市南京路街景，有自行车、人力车、电车、汽车等多种交通工具

①参见中国汽车工业史编辑部编：《中国汽车工业专业史1901—1990》，北京：人民交通出版社，1996年版，第5页。

3.火车

1764年，英国人瓦特改良了"纽可曼蒸汽机"，西方各国进入工业革命。1814年，英国人史蒂芬逊决心把瓦特改良的蒸汽机用于交通运输。他在前人创造的机车模型的基础上，通过多次试验，制造出了一台能够使用的蒸汽机车。1825年9月27日，世界上第一条现代意义的铁路在英国的斯托克顿（Stockton）和达灵顿（Darlington）之间开通，最初的速度为每小时4.5公里，后来达到每小时24公里。

在我国最早出现的铁路是由英国商人杜兰德于1865年修建的，根据李孟符著《春冰室野乘》记载：

> 同治四年七月，英人杜兰德，以小铁路一条，长可里许、敷于京师永宁门外平地。以小汽车驶其上，迅疾如飞。京师人诧所未闻，骇为妖物，举国若狂，几致大变。旋经步军统领衙门，饬令拆卸，群疑始息。此事更在淞沪行车以前，可为铁路输入吾国之权舆。[1]

这条铁路是为了让清朝政府答应他们在中国修筑铁路的要求，在北京宣武门外擅自铺设的，目的是为铁路做广告，故又称"广告铁路"。铁路是仅有600米的窄轨铁路，由1辆蒸汽机车牵引6节客车，招摇过市，引起满城轰动，确有广告效应，只是过于新奇，引人惊骇，被慈禧太后命令拆除了，然而正如李孟符的评价，"此事更在淞沪行车以前，可为铁路输入吾国之权舆"，这条铁路堪称中国铁路的起始。

图118 吴淞铁路线路图

吴淞铁路是中国第一条办理营业的铁路，建成于1876年。实际上，早在1866年，英商怡和洋行就以修建"寻常马路"之名向上海提出征地要求，1875年，英商怡和洋行组织了"吴淞道路公司"，1876年4月，全长4.5公里的吴淞铁路全线完工，7月1日正式通车营业。这是一条轨距为0.762米的窄轨

图119 吴淞铁路上的先导号机车

---

①〔清〕李孟符著，张继江点校：《春冰室野乘》，北京：山西古籍出版社，1995年版，第228页。

铁路,采用每米重13公斤的钢轨,列车速度为每小时24公里至32公里。

普通百姓对于火车这种新事物是很有新鲜感的,1876年7月4日的《申报》报道吴淞铁路正式通车:"到下午一点钟,男女老幼,纷至沓来,大半皆愿坐上中两等之车,顷刻之间,车厢已无虚位,仅有买得上中之票仍坐下等车者。迨车已开行,而来人尚如潮涌至,盖皆以从未目睹,欲亲身试之耳。""游铁路"成为上海市民的一种时尚。

然而,通车后不到一个月,铁路发生意外,压死了一个人,引起乡民大恐,清政府勒令将火车停了下来。经谈判,清政府用28万两白银将该铁路赎回,款项未付清之前的一年内,火车归英商铁路公司再继续营运一年。1877年,清政府收回吴淞铁路后随即全部拆除,中国第一条运营铁路至此退出历史舞台。

"唐胥铁路"是中国自建的第一条铁路,起自唐山,止于胥各庄(今河北省丰南区),是开平矿务局修建的一段铁路专用线,长9.76公里,1881年5月开工兴建,11月完工。轨距为1435毫米,采用每米重15公斤的钢轨。开平矿务局是李鸿章创办的近代煤矿,1878年开办于开平(河北唐山开平区开平镇),1881年开始出煤,雇

图120 今天的胥各庄车站站牌

佣员工3000多人,唐胥铁路通车后,当年即运出煤炭3600吨。

图121 中国铁路0号机车(现藏中国铁道博物馆)

图122 唐胥铁路

唐胥铁路通车后,"1882年,又从英国购来两台小型的0-2-0式(只有两对动轮)机车(称0号),参加运行"(金士宣编著《中国铁路发展史》)。此后,开平矿务局产量持续增加,1884年,开平矿务局获准组建"开平铁路公司",

中国第一家铁路公司诞生。

1886 年, 开平铁路公司收买唐胥铁路后开始独立经营铁路业务。1887 年, 唐胥铁路延伸至芦台, 1888 年延伸至天津, 1894 年天津至山海关间通车, 改称津榆铁路, 交通运输能力不断增强, 为近代煤矿运输做出了贡献。

京张铁路是中国人自行设计和施工的第一条铁路干线, 京张铁路起始自北京丰台柳村, 经居庸关、八达岭、河北的沙城、宣化至张家口。全长为 201.2 千米。1905 年开工修建, 于 1909 年建成通车, 共修建四年整。由当时的清政府任命詹天佑为京张铁路局总工程师。

图 123　詹天佑像

京张铁路"中隔高山峻岭, 石工最多, 又有七千余尺桥梁, 路险工艰为他处所未有", 特别是"居庸关、八达岭, 层峦叠嶂, 石峭弯多, 遍考各省已修之路, 以此为最难, 即泰西诸书, 亦视此等工程至为艰巨"。"由南口至八达岭, 高低相距一百八十丈, 每四十尺即须垫高一尺。"中国自办京张铁路的消息传出之后, 外国人讽刺说建造这条铁路的中国工程师恐怕还未出世。詹天佑亲率工程队勘测定线, 选定由西直门经沙河、南口、居庸关、八达岭、怀来、鸡鸣驿、宣化至张家口。当年修建京张铁路最困难的一段是南口至八达岭一带, 不但地势险峻, 而且坡度很大。①

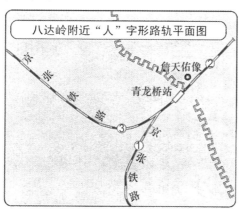

图 124　京张铁路"人"字形线路平面图

火轮铁翼再开创

近代交通工具与交通思想的革新

---

①参见张振军:《百年京张　万年辉煌——纪念京张铁路开通一百周年》, 载《中国品牌与防伪》2010 年 1 月。

詹天佑采用南北两头同时向隧道中间点凿进。但隧道实在太长,后加上在中部开凿两个直井,分别可以向相反方向进行开凿,如此就有六个工作面同时进行。他运用"折返线"原理,修筑"之"字形路线降低爬坡度,并利用两头拉车交叉行进。

图125　詹天佑(车前右三)在京张铁路修成时合影

自1881年建成唐胥铁路至1911年清政府垮台的30多年间,清政府由于洋务派和国内有志之士的不断建议和提倡,终于确定兴建铁路的方针,建立铁路公司,开始修建铁路。30多年时间里,中国的18个省市修筑了铁路计9137.2公里。其中,有东北京奉(关外段)、滨绥、长滨、长大、安奉等线,北方京奉(关内段)、京汉、京张、津浦、胶济、正太、汴洛等线,华东沪宁、沪杭等线,华南株萍、潮汕、广九等线,西南仅有滇越线(滇段)。这些铁路有的是官办,有的是商办,有的是官商合办,还有一部分是中外合办,或者干脆就是外国人修的。

辛亥革命后,从1911年至1949年这38年内,修建铁路的技术力量有所发展。从1928年至1937年"七七"事变的10年间,国民党政府在关内修建3600公里铁路。东北三省的地方当局从1928年至1931年"九一八"事变,修建900公里铁路。抗日战争时期,国民党政府在西南、西北大后方修建1900公里铁路。

抗日战争爆发前后建成的铁路有:陇海铁路灵宝至潼关段、西安至宝鸡段,粤汉铁路株洲至韶关段,沪杭甬铁路萧山至曹娥江段,浙赣铁路杭州至玉山段、玉山至南昌段、南昌至萍乡段,以及江南铁路(南京—孙家

埠)和淮南铁路(田家庵—裕溪口)。山西军阀阎锡山建成的同蒲窄轨
铁路。

　　抗日战争胜利后至1949年中华人民共和国成立期间,基本没有修建
铁路。

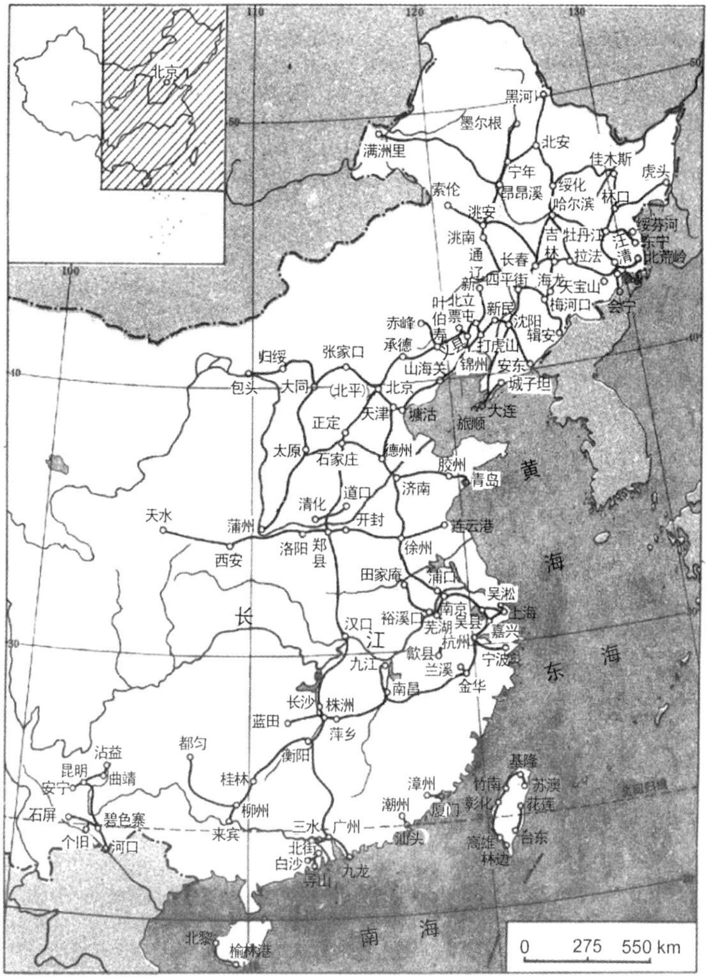

图126　1878—1948年的中国铁路分布示意图

二、从"奇技淫巧"到"亲身试之"

　　经过了长期的闭关锁国后,被迫开放的中国大地上,中国人与洋人互相
面对对方的陌生,陌生的长相、性格、器物、文化。两方都需要长期的沟通与
了解。两者交融的初期,彼此均处于相对隔阂的状态,各自生活在各自的小

火轮铁翼再开创 近代交通工具与交通思想的革新

圈子里,表面上互不干涉、互不影响,内心里则是相互轻蔑、相互鄙夷。在中国的外国人有自己的小圈子,他们只讲英语、读《泰晤士报》、打网球、饮威士忌,同时蔑视中国人,而中国人则给予外国人同样的回敬:鄙视西洋人,叫他们为"夷人",同时也鄙视那些亲西方的中国人,叫他们为"鬼子",对西方的各种物件则更予鄙视,视洋货为"奇技淫巧",想要刚刚打开国门的中国人接受西方的事物恐怕需要一个过程。

1.适应洋事物

和对所有西洋事物的接受一样,自行车在刚刚传入中国的时候被国人接受较慢,这也和早期自行车的设计问题有关:早期的自行车前轮大、后轮小,无刹车,也没有胶皮车轮,很难驾驭,骑行时战战兢兢。加上彼时的中国道路不像当今,皆为平坦的马路,而是坑坑洼洼的土路,骑在自行车上颇为颠簸,也是骑自行车不方便的原因;另外,骑自行车本身也要学习、训练,不是立刻就可以掌握,骑不好或许还会摔跤。这些原因就让国人有些却步了。

上海黄浦一带,每日有很多骑自行车的人往来穿梭,且得心应手,此骑自行车的技术如果不是特别纯熟的话,恐怕会经常摔倒。西方人之所以游刃有余,是因为从小就练习,不是一朝一夕就能学会的。另外,如果地面平坦,或许可以任意骑行,但若遇地势高低不平的地方,就有些许阻碍。看来,不仅国人需要适应洋事物,洋事物也需要适应中国环境。

与自行车相比,汽车则更像洪水猛兽了,1903年5月1日的《申报》以"赛车肇事"为题报道了发生在西方国家的赛车事故以及汽车肇事:

> 华历四月二十九日,英京伦敦来电云:近有法人和英人及他国人合拟赌赛汽车。汽车甫由巴黎驰之法国巴朵地方。已经出了赛者死五人,此外有二法人一英人受伤甚剧。观众亦被撞伤四人,死四人。有法人客比者,能于一点钟时乘汽车行二百三十华里,神速之计飞鸟不如。又有英人巴德者正在疾驰之际,车忽倾覆,热气冲出,至焚其身。此外,英人某甲则以两车互撞,大受伤夷。法官见肇祸端,遂将此事禁阻。是日来电又云:英国比利斯笃地方有人互赛汽车,撞死行人二名,伤十名,乘车之人亦伤其二。并知英国司各伦以丁巴腊人因乘汽车疾驰于路,致撞死一妇人。有地方名沟者,有人亦以乘汽车不慎,撞死一行人。

在技术相对成熟的欧洲尚且发生这种汽车肇事、死伤惨重的情况,难怪国人对汽车这种新交通工具有恐惧心理。

而有轨电车刚刚在英租界里试车的时候,一般普通人也不敢乘坐。原因就是听到"电车"的"电"字,便害怕车厢里会有电,怕上车后会被电到。因此有轨电车在租界遭到了华人百姓的冷落。当然,这个例子属于国人对"电车"的误会,待误会消除后,国人还是很乐于接受的。

2.抵制朽思想

相比国人刚接触新交通工具时的陌生、恐惧而言,中国根深蒂固的传统思想、传统文化是新式交通工具更难克服的。

当早期上海出现出租汽车,公共的有轨、无轨电车,火车的时候,中国古代"男女之大防"的思想便被挑战了。"男女之大防"是中国传统的礼制思想,延续两千年,根深蒂固:

> 男女授受不亲,礼也。(《孟子·离娄上》)
>
> 男女不杂坐,不同施枷,不同巾栉,不亲授。嫂叔不通向……外言不入于捆,内言不出于捆。女子许嫁,缨,非有大故,不入其门。姑、姊、妹、女子子,已嫁而反(返),兄弟弗与同席而坐,弗与同器而食。(《礼记·曲礼》)
>
> 凡为宫室,必辨内外,深宫固门内外不共井,不共浴室,不共厕。男治外事,女治内事。男子昼无故,不处私室,妇人无故,不窥中门。男子夜行以烛,妇人有故出中门,必拥蔽其面。男仆非有缮修,及有大故,不入中门,入中门,妇人必避之,不可避,亦必以袖遮其面。女仆无故,不出中门,有故出中门,亦必拥蔽其面。铃下苍头但主通内外宫,传致内外之物。(司马光《涑水家仪》)

男女之间应该防范森严、不能接触是起码的准则。然而在新式的交通工具——出租汽车、公交车、火车中,男女不仅共处一室,而且空间狭小封闭、拥挤混杂,这对中国传统思想实在是巨大的挑战。退一万步说,即使可以接受男女之间的偶然触碰,女子也会担心被不良男乘客"吃豆腐"。

虽然较早的运营商也曾经为了招揽中国乘客,辟出单独的座位、隔间,但都是权宜之计、临时措施。随着客流量的增加,这种权宜之计也越来越少。普通女性出于经济的考虑也只能同男性在公共交通工具上"共处一室"了。

同时需要逾越的,还有中国传统的等级尊卑。这在"老佛爷"慈禧太后身上体现格外明显。有这么一则故事:

火轮铁翼再开创
近代交通工具与交通思想的革新

165

光绪二十六年(1900年)，慈禧六十六岁寿辰，袁世凯投其所好，花一万两白银买了一辆杜里埃汽车送给慈禧作为生日礼物。此车是进入中国的第一辆汽车，被称为中国头号古董车。为了驾驶这辆汽车，原来为慈禧驾驭马车的车夫孙富龄经法国人培训成了中国第一个有驾照的司机。

她第一次乘坐汽车去颐和园游览时，当汽车驶出紫禁城后，突然发现她的原来的马车夫孙富龄竟成了她现在的司机，不但与她平起平坐，而且还坐在了她的前面，这让她觉得很没面子，便责令其跪着开车。老佛爷的话谁敢不从？这位孙车夫只好跪着开车，但他的手又不能代替脚去踩油门和刹车，所以路上险象环生，差点酿成大祸。这可吓坏了当时的王公大臣，他们纷纷乞求老佛爷不要冒这个险，同时因为车辆噪音极大，乘坐也远不如轿子和马车舒适，无奈之下，慈禧不得不被人搀扶下车，中途又换上她的十六抬大轿。从此这辆老爷车被彻底"打入冷宫"。①

这则故事虽然有强烈的闹剧意味，但从中也能看出中国传统的等级尊卑地位在交通工具上的体现。

与男女之防、等级尊卑相比，风水更加玄妙，虽然难以讲清楚，但在应用上却非常灵活。

早在1874年开始修建吴淞铁路时，就发生了这样一件事：一位乡村老太太被征去了土地。开始她只以为是在被征去的空地上派用处，不料施工时要"折"去她原先土地上的"树木数株"。老太太一味地阻挡，施工也一度停了下来。老太太理直气壮地说："我卖地不卖树。因树于风水有助，故不能折也。"说到"风水"两字，村内工人都收住了手，谁都不愿坏了祖祖辈辈传下来的"风水"。道路公司当局得知此事后，既担心事情闹大，又担心影响工程，赶紧通知各施工单位，遇有树木一律不准"折"，要将它们移至"车路两边，置设栅栏"加以保护，同时承诺"将专设一人，以资管看"。②

看来面对"风水"这个比较玄妙的理由时，人们都是慎之又慎，马虎不得的。而陵寝、龙脉则更是禁区了。

1881在修建唐胥铁路时，清廷怕震惊了东陵的先王神灵而禁止使用机车，所以李鸿章只好特别声明，路成之后，火车用骡马拖拉。清政府才勉强

---

① 朱思存：《北京，北京》，载《中国汽车市场》2013年2月。
② 参见朱晓明、臧庆祝、关健：《中国第一条铁路的风风雨雨》，载《档案春秋》2009年8月。

同意,允许修建唐胥铁路。因此就出现了骡马拉车辆的怪现象。

在中国第一条皇家专用铁路——紫光阁铁路上,慈禧每天都要坐小火车观赏风景,往返于仪鸾殿和北海镜清斋之间,虽然该线路配备了李鸿章进呈的当时法国通行的窄轨火车,而且车辆中既有帝、后专车,又有通用的头等、二等车厢及行李车,品种齐全,但是由于慈禧迷信风水,害怕机车鸣笛"吼叫"会破坏宫城气脉,所以小火轮车行驶不用机车牵引,而是"每车以内监四人贯绳曳之"。每次行驶,都有许多太监手执黄缎幡旗在黄帷车前的铁轨两旁,列队导引。①

图127　唐胥铁路上马拉车运输

这样看来,表面是中国人接受洋事物、洋交通工具,而实质却是中国传统观念、文化与西洋物质所代表的工业文化的碰撞与调适。

3.建立新规范

清末民初的中国交通事业,基本是在西洋列强的侵华浪潮中起伏漂流的,没有明确的交通发展思路,整体的交通规划。往往是有了新的交通工具出现之后,倒逼道路设施的完善、交通法规的制定、交通规划的筹划。

道路的发展是近代城市交通发展的基础,当许多新的交通工具出现之后,就对城市道路有了更高的要求。以上海为例,1845年上海租界第一部《土地章程》就规定,在租界开筑东西干道7条,南北干道3条,由租界设立"道路、码头委员会"负责道路建设和管理事宜。1854年英租界管理机构工部局成立,在7月17日召开的工部局董事会第一次会议上,成立"道路、码头

---

①参见乔梁:《清宫档案中的皇家园林》,载《华夏地理》2007年10月。

及警务"小组委员会,并由斯金纳、费龙、金大卫供职。[1]在7月26日的董事会第二次会议上,要求道路码头及警务小组委员会从派克弄的外滩一端至五圣殿铺设一条马路,[2]可见对道路修筑的重视。

此后,工部局在此前没有一条像样的路的情况下,在苏州河以南开辟了26条道路,其中南北向道路13条,分别为扬子路、圆明园路、四川路、江西路、河南路、山东路、山西路、福建路、浙江路、湖北路、广西路、云南路、西藏路;东西向道路13条,分别是苏州路、香港路、北京路、厦门路、宁波路、天津路、南京路、九江路、汉口路、福州路、广东路、芜湖路、松江路。[3]这些纵横交错棋盘状的道路,构成了早期上海租界道路网络的基础,后来成为租界的核心区域。

有了道路交通,就有了对道路交通的管理。对道路的管理首先涉及道路的名称。同样在1854年7月26日工部局的第二次会议上,工部局在要求修建从派克弄的外滩一端至五圣殿的马路的同时,还要求"竖立路名牌,漆上马路名称,靠墙固定"。[4] "名不正,则言不顺",马路修好,起好名字,方便称呼。但是,当马路越修越多时,还是容易造成名称上的混乱,为此,工务委员会1865年12月的报告特别建议:

> 由于平行和相邻的主要街道名称相似,造成现有街名混乱,因此打算把江苏路改为四川路,因为和江苏路毗邻的是江西路;还把杭州路改为九江路,因为汉口路紧挨着杭州路。其他,仍沿袭以大清帝国各省之名命名南北走向街道、以主要城市之名命名东西走向街道这一办法。[5]

并且提供了改名的方案,如下表:

①上海市档案馆编:《工部局董事会会议录》(第一册),上海:上海古籍出版社,2002年版,第569页。

②上海市档案馆编:《工部局董事会会议录》(第一册),上海:上海古籍出版社,2002年版,第570页。

③上海市档案馆藏1865年度《工部局年报》。

④上海市档案馆编:《工部局董事会会议录》(第一册),上海:上海古籍出版社,2002年版,第570页。

⑤上海市档案馆编:《工部局董事会会议录》(第二册),上海:上海古籍出版社,2002年版,第528页。

南北走向的街道				东西走向的街道			
旧名	现用名	拟用名	华文路	旧名	现用名	拟用名	华文路
黄浦滩	扬子路	扬子路	扬子路	苏州河路	苏州路	苏州路	苏州路
无	圆明园路	圆明园路上下	圆明园路上下	无	香港路	香港路	香港路
桥街	江苏路	四川路	四川路	领事馆路	北京路	北京路	北京路
教堂街	江西路	江西路	江西路	无	无	厦门路	厦门路
栅路	河南路	河南路	河南路	柯宽克路	宁波路	宁波路	宁波路
庙街	山东路	山东路	山东路	法院街	天津路	天津路	天津路
老闸路	山西路	山西路	山西路	花园弄马路	南京路	南京路	南京路
石路	福建路	福建路	福建路	打绳路	杭州路	九江路	九江路
苏州路	苏州路	北段浙江路南段湖北路	北段浙江路南段湖北路	海关路	汉口路	汉口路	汉口路
锡克路	广西路	广西路	广西路	教会路	福州路	福州路	福州路
无	云南路	云南路	云南路	北门街	广东路	广东路	广东路
无	无	西藏路	西藏路	无	无	芜湖路	芜湖路
				洋泾浜	松江路	松江路	松江路

关于道路的建设及养护,1856年5月7日的工部局董事会会议记录如下:

　　曼先生和腊肯先生如期拜访了英国领事,会见的结果是维持以下主张:

　　(1)划定道路路线是工部局董事会的责任和职权。

　　(2)在划定一条道路路线时,工部局不必考虑任何土地买卖的界线问题,以致购置土地者可能因建筑一条道路的需要,不得不放弃不仅这条道路的一半土地,而且要放弃全部土地,而适宜的做法是当土地购买者为一条道路而放弃整块土地时,在这种情况下,他因被迫抛弃了土地,可要求另一方赔偿如此丧失的这块土地的一半。

　　(3)如果任何人侵占道路路线上的土地,又拒绝把他的围墙搬移到正当的界线,工部局可以请求领事执行他们的愿望。①

看来,英国驻上海领事馆完全支持工部局:在划定道路时,工部局不必顾虑任何土地买卖的障碍问题;任何人侵占规划道路土地,或拒绝把围墙搬移到道路的接线之外,工部局可以请求领事予以强制执行。

修建好之后的道路就是给大众使用了,然而,当时的上海各种交通工具混杂,旧式的轿子、马车、手推车与新式的西洋马车、自行车、汽车、电车混杂在一起,道路交通管理方法亟须出台,1872年6月17日工部局董事会会议讨论了当时制定的《马路管理条例》:

(1)过往车轿必须靠马路左侧通行;

(2)独轮车必须在马路左侧紧靠人行道通行,不准乱窜;

(3)在租界马路上通行的所有曳引车辆,在日落后一小时至日出前一小时,必须悬挂边灯;

(4)车辆在驶向或驶近行人时,车夫应勒马转为慢步;为了一切行人安全,指示巡捕制止在租界内超速骑马或驾车。②

左侧通行(1946年元旦统一改为右侧通行);为保障行人的安全,车辆靠近行人时减速;夜间行驶时车辆应该配有边灯等条例保障了交通的顺畅。

除此之外,马路上还应该讲究交通文明,比如讲究卫生,保证马路的干净整洁,在发现垃圾时及时清理③;保持马路的相对安静,制止"令人无法忍受的手推车发出的吱吱嘎嘎的声音"④,卖水果等物的小贩在夜里敲着竹筒和鼓并高声吆喝声⑤,人力车夫为了拉生意而发生的吵闹声⑥。

从1845年,英国按《上海租界章程规定》从上海取得第一块租界——英

① 上海市档案馆编:《工部局董事会会议录》(第一册),上海:上海古籍出版社,2002年版,第585页。

② 上海市档案馆编:《工部局董事会会议录》(第五册),上海:上海古籍出版社,2002年版,第554页。

③ 参见1862年6月18日、25日工部局董事会会议录,上海市档案馆编:《工部局董事会会议录》(第一册),上海:上海古籍出版社,2002年版,第641、642页。

④ 参见1869年11月4日工部局董事会会议录,上海市档案馆编:《工部局董事会会议录》(第三册),上海:上海古籍出版社,2002年版,第739页。

⑤ 参见1883年5月21日工部局董事会会议录,上海市档案馆编:《工部局董事会会议录》(第八册),上海:上海古籍出版社,2002年版,第509页。

⑥ 参见1905年1月11日工部局董事会会议录,上海市档案馆编:《工部局董事会会议录》(第十六册),上海:上海古籍出版社,2002年版,第553页。

租界——开始,至1902年奥匈帝国设立天津租界,前后共有27块租界,其中有25块租借国单一的专管租界,2块公共租界。一方面,租界的存在严重侵犯了一个国家的领土和主权的完整,是一种变相的殖民统治区;另一方面,租界也为以后的中国城市建设提供了范本。

租界主要的特点是内部自治管理。租界内事宜清政府无力管辖,全部由西方人"自理":成立市政管理机构——工部局,担任市政、税务、警务、工务、交通、卫生、公用事业、教育、宣传等职能,兼有西方城市议会和市政厅的双重职能。[1]

租界的市政建设与管理,是完全按照西方城市模式实施的,为中国旧式的都市转变为现代都市提供了范本。租界内新的交通工具、设施、管理均使传统的中国人耳目一新,也刺激了中国城市的转型:城市的建设不再体现王权,以皇宫、府衙为城市的核心,而是以普通市民为中心,满足普通百姓需求的公共性。中国的城市建设开始从封建社会时期的"以政治为中心"向近代社会"以功能为中心"转化。与之相适应,近代城市交通建设拉开了序幕,中国古代城市交通的样貌渐渐退出了历史的舞台。

火轮铁翼再开创

近代交通工具与交通思想的革新

---

①参见陈丽:《厦门租界园林研究》,载《上海交通大学硕士论文》2008年。

参考文献

［1］周振甫．周易译注．北京：中华书局，1991．

［2］杨伯俊．春秋左传注：修订本．北京：中华书局，1990．

［3］周振甫．诗经译注．北京：中华书局，2002．

［4］杨伯俊．论语译注．北京：中华书局，1980．

［5］杨伯俊．孟子译注．北京：中华书局，1960．

［6］〔汉〕司马迁．史记．北京：中华书局，1959．

［7］〔汉〕班固．汉书．北京：中华书局，1962．

［8］〔南朝宋〕范晔．后汉书．北京：中华书局，1965．

［9］〔晋〕陈寿．三国志．北京：中华书局，1959．

［10］〔五代〕刘昫．旧唐书．北京：中华书局，1975．

［11］〔宋〕欧阳修，宋祁．新唐书．北京：中华书局，1975．

［12］〔元〕脱脱．宋史．北京：中华书局，1985．

［13］〔清〕张廷玉．明史．北京：中华书局，1974．

［14］〔唐〕李林甫，等．唐六典．陈仲夫，点校．北京：中华书局，1992．

［15］〔唐〕长孙无忌，等．唐律疏议．刘俊文，点校．北京：中华书局，1983．

［16］〔唐〕杜佑．通典．王文锦，等，点校．北京：中华书局，1988．

［17］〔北魏〕郦道元．水经注校证．陈桥驿，校．北京：中华书局，2007．

［18］〔唐〕李泰，等．括地志辑校．贺次君，辑校．北京：中华书局，1980．

［19］〔唐〕李吉甫．元和郡县图志．贺次君，点校．北京：中华书局，1983．

［20］〔唐〕玄奘，辨机．大唐西域记校注．季羡林，等，校注．北京：中华书局，1985．

[21]〔宋〕王存. 元丰九域志. 王文楚,魏嵩山,点校. 北京:中华书局,2004.

[22]〔清〕徐松. 唐两京城坊考. 李健超,增订. 西安:三秦出版社,2006.

[23]〔清〕顾祖禹. 读史方舆纪要. 贺次君,施和金,点校. 北京:中华书局,2005.

[24]向达. 郑和航海图. 北京:中华书局,1982.

[25]〔法〕沙海昂,注. 马可波罗行纪. 冯承均,译. 北京:中华书局,2004.

[26]严耕望. 唐代交通图考. 上海:上海古籍出版社,2007.

[27]袁行霈,严文明,张传玺,等. 中华文明史. 北京:北京大学出版社,2006.

[28]陈鸿彝. 中华交通史话. 北京:中华书局,2013.

[29]秦国强. 中国交通史话. 上海:复旦大学出版社,2012.

[30]王崇焕. 中国古代交通. 天津:天津教育出版社,1991.

[31]赵云旗. 中国古代交通. 北京:新华出版社,1993.

[32]周成. 中国古代交通图典. 北京:中国世界语出版社,1995.

[33]王子今. 跛足帝国. 兰州:敦煌文艺出版社,1996.

[34]原源. 中华行俗. 北京:农村读物出版社,2010.

[35]沈济时. 丝绸之路. 北京:中华书局,上海:上海古籍出版社,2010.

[36]黄珅. 西游与东渡. 北京:中华书局,上海:上海古籍出版社,2010.

[37]李德辉. 唐代交通与文学. 长沙:湖南人民出版社,2003.

[38]王冠倬. 中国古船图谱(修订版). 北京:生活·读书·新知三联书店,2011.

[39]郑若葵. 交通工具史话. 北京:中国大百科全书出版社,2000.

[40]〔德〕阿尔弗雷德·申茨. 幻方:中国古代的城市. 梅青,译. 北京:中国建筑工业出版社,2009.

[41]贺业钜. 中国古代城市规划史. 北京:中国建筑工业出版社,1996.

[42]郑武祖. 中国城市交通. 北京:人民交通出版社,1994.

[43]张驭寰. 中国古代县城规划图详解. 北京:科学出版社,2007.

[44]吴刚. 中国古代的城市生活. 北京:商务印书馆国际有限公司,1997.

[45]苏生文,赵爽. 西风东渐——衣食住行的近代变迁. 北京:中华书

局,2010.

    [46]杨勇刚. 中国近代铁路史. 北京:上海书店出版社,1997.

    [47]中国汽车工业史编辑部. 中国汽车工业专业史(1901—1990). 北京:人民交通出版社,1996.

    [48]上海市档案馆. 工部局董事会会议录. 上海:上海古籍出版社,2002.

后　记

　　在本书的写作过程中,笔者有一次出差,从甘肃的兰州到武威去,选择的是乘坐时速160km的特快列车。列车在缓慢驶出兰州后折向北方,逐渐全速前进,两侧的景色映入眼帘。熟悉这段路程的旅客早已疲劳,渐渐昏昏睡去,我却心潮澎湃,欣赏着眼前的景色,他们迅速闯进眼帘,又急速向后退去,这种欣赏方式恐怕和中国古代绘画的移步换景方法有异曲同工之妙吧!

　　列车缓缓穿过兰州这座狭长的城市,沿途可见到各种工厂,细长的烟囱喷射着火舌;矮胖的烟囱呼出白色的浓浓的白烟,无不标志着这是一座现代化的都市。越过奔涌的黄河,驶出兰州后可见到两侧山峦层叠,不毛的山丘上时而呈现出深黄色,时而呈现出红色,山体的褶皱明显,展现出历史的痕迹。渐渐列车以全速行驶,两侧山色模糊,一个山丘接着一个山丘后退,整个人就像是在山峦中飞驰,在让人惊叹于现代交通的发达的同时,也让人思绪万千。

　　这或深黄色,或红色的山丘,是否也为当年张骞出西域时所经过的呢?当年这一段路又需要走多长时间呢?需要历经多少艰险、需要多少勇气呢?作为沟通中西的先驱,张骞不能不令人佩服啊!而这趟列车所经过的这一段路程不正是古时的丝绸之路吗!想到这些的时候,历史的沧桑感油然而生。"江畔何人初见月?江月何年初照人?人生代代无穷已,江月年年只相似。"《春江花月夜》中,月是人类代代繁衍、发展的见证,在这丝绸之路上,这古道、山峦,不也正横亘于古今之间,见证着人类的向前发展吗!今天我所见到的山色,是否也为张骞曾见到的呢?

　　而整个写书的过程中,我都感觉到是在做一次精神上的旅游,重回中国古代,回到汉、唐、宋、元,和古人一起,跟随他们的脚步,踏上漫漫的征程。以后现实中的旅行也不只是看到眼前风物,更是有了历史的沉淀。感谢我的导师杨晓霭先生给了我这样的一次机会,让我得到精神的历练,也希望本书能够带给读者相同的感受。

韩 括

2015年4月